マッカーサー
戦後
65年目の
証言

マッカーサー・吉田茂・
山本五十六・鳩山一郎の霊言

大川隆法

RYUHO OKAWA

まえがき

混迷《こんめい》の度を深める、日本の現在の政治状況を考えるにつけても、戦後日本の原点をもう一度確かめてみたくなった。先の太平洋戦争の意義や、戦後の枠組《わくぐ》みが正しかったのかどうか、確かめてみたくなったのだ。

先般刊行した『日米安保《にちべいあんぽ》クライシス』――丸山眞男《まるやままさお》vs.岸信介《きしのぶすけ》――のあと、もう一段、時代をさかのぼって、マッカーサーや吉田茂元首相、山本五十六《いそろく》元連合艦隊司令長官、鳩山一郎元首相の意見を聞いてみたくなったのだ。結果は本文を参照してもらうとして、この四人の中で、マッカーサーだけが、現在、神格《しんかく》を持っている事実と、日本のトップ・エリート三名の悩ましい現状の差に、涙を流すのは私一人だけではないだろう。
「日本再創造」には、見識・才能に優れ、信仰心の篤《あつ》い本格的な人材を育てなくてはならないと強く決意した次第《しだい》である。

二〇一〇年　五月

国師《こくし》　大川隆法《おおかわりゅうほう》

マッカーサー　戦後65年目の証言　目次

第2章　ワンマン首相の現在

二〇一〇年四月二十六日　吉田茂の霊示

第3章 太平洋戦争の開戦事情

二〇一〇年四月二十六日 山本五十六の霊示

第4章　鳩山「友愛思想」のルーツ

二〇一〇年四月二十六日　鳩山一郎の霊示

第1章

占領《せんりょう》政策の真相を語る

二〇一〇年四月二十六日　マッカーサーの霊示

ダグラス・マッカーサー（一八八〇〜一九六四）
アメリカ合衆国の陸軍元帥《げんすい》。太平洋戦争後、連合国軍最高司令官として日本の占領《せんりょう》政策を担《にな》い、日本国憲法制定にも深く関与《かんよ》したが、朝鮮《ちょうせん》戦争の際にトルーマン大統領と対立して解任された。

［質問者四名は、それぞれA・B・C・Dと表記］

1 「東京裁判」の意味とは

日本の戦後の方針を決めたマッカーサー

大川隆法　今日《きょう》は日本の戦後の原点にまでさかのぼってみます。最初は、いわゆる「マッカーサー憲法」をつくったマッカーサーをお呼びしてみます。

太平洋戦争で日本を打ち負かし、六年半にわたって日本を占領《せんりょう》して、日本の戦後の方針を決めたマッカーサーは、敗戦後の日本にとっては、いわば〝天から降りてきた神〟のようなものだったでしょう。

そのマッカーサーに、現在の日本や、それを取り巻く諸外国の状況《じょうきょう》等を見た上でのご意見を、憲法や天皇制、外交、政治、軍隊のあり方などについて訊《き》いてみたいと考えます。

そのあと、できれば、その当時、マッカーサーの相手役として、日本の舵取《かじと》りをしていた吉田茂《よしだしげる》元首相の意見も聴《き》いてみたいと思っています。この方は、麻生太郎《あそうたろう》前首相の祖父に当たる方でもあります。

マッカーサーは、亡くなって、もう五十年ぐらいにはなると思うので、おそらく話は通じると思います。すでに、幸福の科学の研修施設《しせつ》である横浜正心館《よこはましょうしんかん》用の「公案《こうあん》」を日本語でいただいているので、日本語変換《へんかん》は可能なレベルにいるのではないかと考えていますが、万一《まんいつ》、英語でなければ会話ができなかった場合には、質問者のうちのどなたかが通訳として頑張《がんば》ってくだされぱと思います。

では、まず、ダグラス・マッカーサーの霊言《れいげん》をいただこうと思うので、お呼びします。

（約二十秒間の沈黙《ちんもく》。二回、深呼吸を行う）

第二次大戦で日本軍と戦い、日本を占領し、日本に新憲法を制定した、ダグラス・マッカーサー司令官、願わくば現代の日本にお降りください。

迷える日本の国民《くにたみ》に、あなたの目から見た、この国のあるべき姿、また、日米関係など、諸外国との関係のあるべき姿、その他《た》、軍事や政治経済の問題など万般《ばんぱん》にわたって、ご指導をお願い申し上げます。

マッカーサーの霊よ、どうぞ、われらが幸福の科学と幸福実現党のために、ご降臨くださって、われらを指導したまえ。

（約三十秒間の沈黙。大きく息を吸う）

A――　マッカーサー元帥《げんすい》、おはようございます。

マッカーサー　あー、グッド・モーニング。

A――　本日は、幸福の科学教祖殿《きょうそでん》・大悟館《たいごかん》にお招きいたしました。私は幸福の科学の○○と申します。

マッカーサー　それほど知識を持っていないんだけれども、簡単に説明してください。

A――　はい。敗戦後、マッカーサー元帥がつくられた憲法や、元帥の下《もと》で行われた、さまざまな改革によって、現在の日本が出来上がっているのですけれども、今日は、その全般について、お伺いしたいと思い、お招きいたしました。

まず私のほうから質問させていただきたいと思います。

戦後の日本を、ある程度、決めたものとして、東京裁判がございました。

現在の日本では、この東京裁判史観によって、「日本は犯罪国である」「日本人は犯罪人である」という見方も広まっていて、国民は気概《きがい》をなくしております。

朝鮮《ちょうせん》戦争が始まったのち、マッカーサー元帥は、「日本が戦争に入っていった動機は、そのほとんどが安全保障の必要に迫《せま》られてのことであった」ということを、おっしゃられたと聞いております。

そのマッカーサー元帥から、「侵略《しんりゃく》戦争を行った」として日本を裁いた東京裁判の意味について、振《ふ》り返って総括《そうかつ》をいただければと思います。

東京裁判をどう受け止めるかは、今の日本人の問題である

マッカーサー　東京裁判史観によって、今、日本の国が自虐的《じぎゃくてき》になっていて、それが問題だということですけれども、戦後六十年以上の歳月《さいげつ》が過ぎた現在と、当時とでは、やはり、いろいろなシチュエーションが違《ちが》うと思います。

現時点で、それをどう受け止めるか、それによって、日本人が、やる気をなくす

かどうかの問題は、これだけの時間がたちますと、やはり、今の日本人の問題ではないかと思いますね。

「戦後生まれの方が、もう六十代半ばになっている現状において、どういう世《せ》論《ろん》、国論をつくるかは、今の日本人の問題だ」と思いますので、戦後処理の問題と、「現在の日本国民の世論が、どうであるか」ということとは、分けて考えなければいけないと思います。

今、二〇一〇年ですか？　六十五年後《ご》だったら二〇七五年ですよね。あなたが、今、発言した内容が、二〇七五年に影響《えいきょう》するとして、「二〇七五年の時点で、こういうふうにならないように発言しよう」と考えますか。できないですよね。あくまでも二〇一〇年の時点での考えで議論しますよね。まあ、そういうことは、いちおう、ご理解いただければと思います。

アメリカの国論を「参戦」に変えた真珠湾攻撃《しんじゅわんこうげき》

日本とアメリカは、四年近く、死力を尽《つ》くして戦いました。フランクリン・ルーズベルトは、「戦争に参加しない」「不戦」ということを公約して、大統領に当選しておりましたから、当時のアメリカは、表向きは戦争をしないことになっておりました。まあ、少しは準備を始めておりましたけどね。

でも、アメリカの国論に火をつけたのは、日本の真珠湾攻撃《しんじゅわんこうげき》だと言えます。突然《とつぜん》、日曜日に空襲《くうしゅう》を受けて、三千人近い人が亡くなり、戦艦《せんかん》アリゾナ以下の艦船が撃沈された。これで、アメリカの国論は沸騰《ふっとう》したのです。最近で言うと、ワールドトレードセンターのテロみたいな感じかな。

それによって、不戦を国是《こくぜ》にしていたアメリカの国論が一夜にして沸騰し、「日本、許すまじ」という国論に変わったのです。

まあ、この攻撃を、「アメリカの策略によって、やむをえず、やったことだ」と見る考えもありますし、あるいは、そうかもしれませんけれども、私たちアメリカのみならず、ヨーロッパの国もそうですが、日本が植民地主義をどんどん進めていることど自体に対して、警戒感《けいかいかん》を持っていたことは事実ですね。

すでに、満州国《まんしゅうこく》を建て、中国内陸部にも入っていたし、朝鮮半島も併合《へいごう》していましたしね。朝鮮半島や満州国あたりまでは見逃《みのが》していたんですけど、「日本は、今後、アジア全域に帝国《ていこく》主義を広げるだろう」という予想の下《もと》に、いちおう日本包囲《ほうい》網《もう》が国際的に出来上がりつつあったことは事実です。

当時のアメリカは国是として不戦を表明していたので、「日本の奇襲《きしゅう》攻撃がアメリカの罠《わな》によるものであったかどうか」ということは、あなたがたにとって、議論の分かれるところでしょう。

ただ、たとえそうであったとしてもですね、少なくとも、ハワイの人たちにとってみたら、やはり、「軍人と民間人を合わせて三千人近い人が、突如《とつじょ》の大空襲、奇襲攻撃で亡くなった」という事実は否《いな》めないし、「戦艦以下が大きな被害《ひがい》を受けた」

ということも事実ですね。

日米は四年間も必死の攻防戦を行《おこな》った

そして、アメリカに悪意がなかったことは、太平洋戦争の最初の一年間ほどは、アメリカが圧倒的《あっとうてき》に劣勢《れっせい》であったことを見ても分かりますね。

当初は日本軍のほうが圧倒的に優勢でした。南方戦線では日本軍の連戦連勝で、イギリスやフランスも蹴散《けち》らされたし、オランダも蹴散らされました。

私はフィリピンにいたのですけれども、フィリピンから命からがら脱出《だっしゅつ》しています。当時、司令官は潜水艦《せんすいかん》で脱出しなくてはいけないことになっていたのに、私なんか、もう、潜水艦ではなくて、海上を走るボートで逃《に》げたんです。ですから、どれほどの危機だったかはお分かりかと思います。

初期の日本は、強大で、とても強かったですね。われわれから見ても、本当に、勝てるかどうか分からないぐらい強く見えました。連戦連勝で、それも、奇襲をしてきたり、あるいは、ものすごい速さで攻撃してきたりするのです。まあ、日本のほうが位置的に近いですからね。

そういう意味では、司令官の私がオーストラリアに逃亡したあたりで、最初の戦《いくさ》、一回戦、第一ラウンドは負け戦《いくさ》ですよね。

私は、「アイ・シャル・リターン（私は戻《もど》ってくる）」と、まあ、負け惜《お》しみを言って、オーストラリアに逃げたわけです。

その後、アメリカのほうでは、ドイツなどの状況も併《あわ》せて、「戦争もやむなし」ということで、国を挙げて戦う態勢ができました。

工業力では、日米には十倍くらいの開きはあったはずであり、アメリカは工業力に勝《まさ》っていたので、軍艦、飛行機、あるいは、さまざまな新兵器が開発されるに至って、二年目ぐらいを境目にして戦力が逆転したのです。

四年近い必死の攻防戦があったわけですよ。

私も、いったんフィリピンから逃げて、オーストラリアに避難《ひなん》しましたが、やがて、フィリピンに再上陸し、もう一度、司令部を置いて戦いました。

私がフィリピンに再上陸したあとの、レイテ戦のころのことですが、私たちが夕ごはんを食べながら会議をしているときに、いつも日本軍の空襲があって、本当に、ボオオオオンと、飛行機が急降下してくる音が聞こえるんですよね。そうしたら、もう、みな沈黙してシーンとなり、水平飛行になるまで話ができない状況でした。まあ、毎日のように来ていましたね。

だから、私たちにとっても、「勝てる」と思えるような、そんなに甘《あま》いものではなかったんです。食事をしているようなときに、日本軍の空襲が毎日のようにありました。

あるときは、「日本の戦闘機《せんとうき》を味方が高射砲《こうしゃほう》で撃《う》った砲弾の破片《はへん》か何かが、私の寝室《しんしつ》の屋根をぶち抜《ぬ》いて、枕元《まくらもと》に刺《さ》さる」ということもありましたし、「日本軍機の機銃掃射《きじゅうそうしゃ》で弾丸《だんがん》が撃ち込《こ》まれてベッドの横に食い込む」ということもあって、私は、それを息子《むすこ》へのお土産《みやげ》にしようとしましたけれどもね。

それくらい危険であったわけですが、「マッカーサー不死身《ふじみ》伝説」ができたのは、そのころからです。

日本軍とは二度と戦争をしたくなかった

そういう大変な戦いを四年近くやったわけです。あなたがたは、今、自虐史観を持っているかもしれないけれど、われわれから見たら、いや、日本軍はとても強かったので、「もう二度と、こういう戦争をしたくない」という感じでしたね。

今のイラクとかを見ると、あまりにも弱いですよね。あんなにあっさりと戦争が終わってしまいました。

まあ、ベトナムでは、ベトコンとの戦争が長引いて、被害はそうとう出ましたけど、近代戦ではなかったですからね。田んぼや山のなかの戦いばかりのゲリラ戦でした。苦手な戦いではありましたが。

ところが、日本は近代戦を挑《いど》んできた。空母艦隊決戦で来たし、世界で初めて、空母部隊でハワイを急襲しましたしね、山本五十六《いそろく》が。それまでは、戦艦中心であり、「空母を主力にして戦う」という考えはなかったので、「空母を主力にして戦い、航空機で攻撃する」という作戦は、ものすごいイノベーションだったと思いますね。日本軍に教えられて、アメリカも、「飛行機の増産に入り、空母をもっとつくって、戦わなくてはいけない」と考えて、どんどん工場で生産を開始したわけです。「最終的には、やはり、資源のない日本は、長くはもたない」という読みはありましたけれども、日本は、戦争そのものでは強かったのです。ですから、ある意味では、アメリカほどの資源が日本にあったらば、おそらく日本は負けなかったでしょうね。日本は、飛行機も軍艦もどんどんなくしていきましたし、銃弾《じゅうだん》もなくしていきましたから、最後は戦えなくなったと思います。

スポーツとは違《ちが》い、戦争には「一定のけじめ」が要《い》る

日本は、そういう国であったので、「二度と戦えないようにする」という意味で、

武装解除というか、軍隊の放棄《ほうき》、戦争の放棄をさせました。

それと同時に、戦いの中心にいたのは軍人でしょうから、「軍の幹部や戦争協力者たちを、裁判にかけて処刑《しょけい》する」ということが行われたわけです。まあ、当時の状況から見たら、ああしないかぎり収まらなかったでしょうね。

そういう裁判にかけられたA級戦犯等には、死刑になった者もだいぶいます。まあ、政治家も一部いますけれども、そういう軍人たちが責任を問われて処刑されることで、国民のほうは、強制収容所に送られて、いじめられるとか、殺されるとかいうようなことは免《まぬが》れたわけです。

だから、「代表が代わりに罰《ばつ》を受けた」と言えますね。

私は昭和天皇と会見をしましたが、彼は立派な紳士《しんし》であったし、逃げようとはせず、自分から出てきて、「この国民を救ってください」というようなことを言いました。

当時、「天皇は処刑しない」ということを、私のほうは、方針として出してあったんだけれども、彼のほうは、まだそれを知らなくて、「当然、処刑される」と思っていたでしょうが、「私一人の責任なので、この窮状《きゅうじょう》から国民を救っていただきたい」というようなことを言ってきたのです。

天皇の「終戦の詔《みことのり》」で、いっせいに戦いがやんだわけですが、終戦直後の日本には、陸軍が二百万人ほど国内にいたため、これと戦ったら、大変な被害が出ることも分かっていたので、「天皇制を残すかわりに、天皇に国民を抑《おさ》えさせる。そして、戦争遂行《すいこう》責任者たちを処罰するが、国民に関しては、病気や飢《う》え、貧困から助ける」という政策を採ったわけですね。

だから、東京裁判そのものについて問われるなら、もちろん、「戦勝国に戦敗国を裁く資格はない」という言い方もあるけれども、あの時点においては、あれだけの戦争をして、もし裁判というかたちで決着をつけないのであるならば、日本占領作戦が開始されて、もっと大量の人が死んだと思います。

アメリカ軍も、被害想定としては、「『日本上陸作戦で日本本土全部を制圧する』

ということになれば、おそらく百万人ぐらいのアメリカ兵が死ぬのではないか」という予想を立てておりました。

また、日本のほうは、竹槍《たけやり》や刀で突撃してくるつもりでいたようですし、女子《おんなこ》供《ども》も突撃してくるようであったので、そんな悲惨《ひさん》なことはさせたくなかったのです。

まあ、「一定のけじめ」というものが物事には要るのではないかと思います。

終戦の受諾《じゅだく》、平和に関する取り決めの締結《ていけつ》ということだけで、そのあと、「何もおとがめなし」ということであれば、これは、まるでスポーツですよね。

ボクシングであれば、「十回戦を戦い、ゴングが鳴って終わりました。勝敗は、こちらの勝ちで、あちらが負けです」ということで、握手《あくしゅ》をし、それで終わりです。

しかし、戦争はスポーツではなく、実際に「命のやり取り」をするわけですから、やはり、そういう裁判というかたちを取ってでも「けじめ」をつけなければ、終わらなかったと思います。

昭和天皇とサダム・フセインの人柄《ひとがら》の違いが生死を分けた

本来、軍事的に見れば、「天皇陛下を生かしておく」というのは、本当は許せないことであっただろうとは思いますけれども、あれ以上の流血を見ないためには、そのほうが国がまとまると見て、やったことなのです。

これと同じことを考えたのは湾岸戦争のときで、父親のほうのブッシュ大統領が、クウェートからイラク軍を追い払《はら》ったあと、米軍などのバグダッド進駐《しんちゅう》を止《と》めて、サダム・フセイン大統領をそのままにしておいたのです。

ところが、その後も、サダム・フセインはアメリカの悪口を言い続け、また、勢力を回復し、サラディンの再来と称《しょう》してアラブの盟主になろうとしている感じがありましたので、息子のブッシュ大統領のほうが、今度は、バグダッドを制圧し、サダム・フセインを捕《つか》まえて裁判にかけ、死刑にしました。そこまで行《い》ったわけですね。

サダム・フセインが昭和天皇のような人柄《ひとがら》であれば、あんなことにはならなかったと思います。

日本の前例があるので、それをまねて、やったのですが、イラクの場合は、日本のようにはならなかったし、そのあと、ゲリラによるテロが延々と続いているような状態です。戦争前も、イラクがテロを支援《しえん》している疑いは、そうとう濃厚《のうこう》だったわけですね。

概観すると、そういうことになるのですが、東京裁判自体については、私は、「まあ、当時としては、やむをえないかたちであったかな」と思うし、天皇を生かすために、そうした要職にあった多くの人たちが重罪を課されたこと自体は、しかたがないのではないかと思います。

「これを、今、どう判断するか」ということですが、「日本人の世論《せろん》や歴史家が、どう考えてきたか、あるいは、政党がどのようにやってきたか」ということについては、やはり、日本人が責任を負うべきであり、その戦争、終戦時の対応、および、その結果についての反作用は、終戦後、十年ないし二十年ぐらいまでで、だいたい終わっていると考えています。

2　先の戦争は日本の「侵略《しんりゃく》戦争」なのか

Ａ――　ありがとうございます。東京裁判の趣旨《しゅし》について、理解させていただきました。

ただ、東京裁判史観のなかで、争われているというか、残っている論点のなかで、最も問題になっているのは、「先の戦争は日本の侵略《しんりゃく》戦争だったのだ。日本は拡張主義で他《た》の国を侵略したのだ」というところだと思います。

マッカーサー　うん。

A――　先の戦争の目的について考えてみると、日米の開戦前には、例えば、アメリカ（America）、イギリス（Britain）、中国（China）、オランダ（Dutch）による「ABCD包囲網《ほういもう》」がつくられたり、アメリカが日本への石油の輸出を完全に断《た》ってしまったり、アメリカ国籍《こくせき》を持っている日系人が、事後法で米国籍を剝奪《はくだつ》されたりと、排日《はいにち》運動が非常に激しかったはずです。

マッカーサー　うん、うん。

A――　あのあたりがターニングポイントになったのではないかと思います。

マッカーサー　うーん。

A――　ここで戦争をしなかった場合、日本が、はたして独立を保てたかどうか。石油なしで本当に生き残っていけたかどうか。こういった見方もあると思います。
そこで、「先の戦争は本当に日本の侵略戦争であったかどうか」ということについて、現在のマッカーサー元帥《げんすい》は、当時を振《ふ》り返ってみて、どのように思われるか、教えていただければと思います。

日本に侵略性が全然なかったとは言えない

マッカーサー　まあ、戦争の相手を見て、「日本の戦いは防衛戦争だ」と最初から認めたら、こちらのほうには戦う正当性がありませんのでね。
それは、どの国も使う言葉です。今の中国だって、「防衛戦争に備えている」と言うだろうし、北朝鮮《きたちょうせん》もそうだろうし、どこであっても、侵略戦争と称《しょう》して戦うところはありません。ヒトラーだって防衛を唱えてはいたでしょうからね。それを鵜呑《うの》みにするわけにはいかないんですが、「どの程度まで国際世論《せろん》が許すか」ということですね。

日本は、少なくとも、朝鮮半島については、併合して、三十数年、統治していたし、満州国も、傀儡《かいらい》政権を立てて日本の傘下《さんか》に置いていました。「他《た》の国についても、おそらく、同じようにしていくであろう」ということは読めていたので、その流れ全体を見るかぎり、やはり、「侵略性が全然なかったとは言えない」と思いますね。

「中国本土のほうが降参したら、これを全部、植民地にしてしまう気があっただろう」と推定されますし、南方についても、いちおう、植民地化する気はあったのではないでしょうか。要するに、「中国の資源を押《お》さえて、南方のほうも、全部、日本の領土にしていくつもりはあったのではないか」と推定されますね。

戦争の動機については、そのように思われます。

朝鮮《ちょうせん》戦争によって、「朝鮮半島の持つ重み」がよく分かった

ただ、日本を武装解除して、占領《せんりょう》している間《あいだ》に、五年後ぐらいでしたか、一九五〇年ぐらいに朝鮮《ちょうせん》戦争が始まり、北朝鮮が、突如《とつじょ》、韓国《かんこく》に南下してきて、ソウルも占領されました。私も、ソウル近郊《きんこう》まで少人数で視察に行ってきましたけれども、やはり、これは、「戦争の危機が現実にあるのだ」ということですね。

要するに「次の敵は、共産主義なんだ」ということが分かりました。アメリカは日本の帝国《ていこく》主義と戦ったつもりでいたけれども、私は、「次は共産主義との戦いなのだ」ということを悟《さと》って、強硬策《きょうこうさく》をだいぶ進言したために、トルーマンに解任され、私の軍人としての使命は終わったわけですね。

その時点で、確かに、「朝鮮半島の持つ重み」については、よく分かったというか、「ここを押さえないと、日本が危機にさらされるのだ」ということが、よく分かったので、晩年、やや日本に同情的になっていたこと自体は事実ですね。

A――　はい。ありがとうございます。それでは、質問者を替《か》わらせていただきます。

3　GHQによる占領《せんりょう》政策の狙《ねら》いとは

B――　私からは、戦後の日本占領《せんりょう》時の政策に関しまして、質問をさせていただきたいと思います。

マッカーサー　うん。

B――　マッカーサー元帥《げんすい》のリーダーシップにより、占領下の日本では非軍事化と民主化が図《はか》られ、この日本の国のかたち、あるいは方向性というものが決まっていったと理解しております。

マッカーサー　うん、うん。

B――　ただ、細かく見ていきますと、GHQ（連合国軍最高司令官総司令部）では、民生局のホイットニー准将《じゅんしょう》やケーディス大佐《たいさ》など、左翼的《さよくてき》な人物たちが中心にいたためでしょうか、実際の政策のなかに、「財閥《ざいばつ》解体」「農地改革」「公職追放」など、左翼的な政策も見られます。

マッカーサー元帥におかれましては、どのようにお考えになって占領政策を進めていかれたのか、その真相について、お伺《うかが》いしたいと思います。

「軍事大国化の防止」から「共産主義の防波堤《ぼうはてい》」へ

マッカーサー　少なくとも、「われわれの世代が生きている間《あいだ》に、日本が、再度、軍事大国になり、歯向かってくるようなことがないように、根本的な対策をした」ということは事実ですね。

財閥も、基本的には軍需《ぐんじゅ》産業を興すものであるから、解体したわけだね。

確かに、占領政策のなかには、婦人の権利の拡大とか、大地主《おお》からの小作農の解放とか、一見、リベラルというか、左に寄った政策も、かなりあったことは事実です。

でも、逆に言うと、財閥系というか、そういう企業《きぎょう》系の大物であった人たちがパージ（追放）された結果、四十代ぐらいの若い世代の経営者がたくさん出てきて、戦後の発展を担《にな》った面もあると思うんです。

まあ、ホイットニーについて、あなたは左翼のように言っていましたが、彼は私の友達でもあったので、悪い人ではないんですけどね。

終戦当時は、中国には、まだ毛沢東《もうたくとう》革命は起きていませんでしたけれども、戦後、毛沢東革命が起きましたし、それから、ソ連はもう共産主義でしたよね。

「日独伊《にちどくい》防共協定」という、共産主義と戦うための同盟があって、それに加わっていた国が「ファシズム」と言われるものになったわけですが、当初は、「共産主義と戦う」という名目で日独伊が組んでいたのでね。第二次世界大戦の時点では、共産主義そのものを、われわれの敵と考えるほどには至っていなかった。

チャーチルは、ソ連の共産主義政策を見て、「スターリンは悪魔《あくま》だ」と言い切っていたようですね。

しかし、母国イギリスが、同じく悪魔であるヒトラーによって滅《ほろ》びかかっているような状態だったので、「母国イギリスが滅ぼされるぐらいだったら、悪魔とでも手を結ぶ」と言って、スターリンと手を組み、「悪魔」対「悪魔」の戦いである、「ソ連」対「ドイツ」の戦いを起こさせて、祖国防衛に協力させました。チャーチルのほうが認識は早かったわけですね。

私どもは、その「日独伊」に勝ったあと、次に、共産主義と対立することになりました。

毛沢東革命は、たぶん一九四九年ぐらいではないでしょうか。だから、日本を占領して四年ぐらいで起きたと思います。これで、ソ連、中国と、共産主義国が広がってきました。

それと、アメリカのほうでは、「マッカーシズム」というものが起きました。いわゆる「赤狩《あかが》り」ですね。「政府等の役所や財界など、いろいろなところに、ソ連のスパイのような者がいる。そういう、左に寄って、仮想敵と通じるような者をパージしよう」という運動です。

このマッカーシズムが吹《ふ》き荒《あ》れて、「反左翼」「反共」「防共」の運動が結果的に起きたんです。

そういう大きな流れがあります。

中国が、その後、あのような共産主義大国になっていくのでしたら、今にして思えば、「日本軍の戦いを、一方的に悪と決めつけたことには、ちょっと問題があったのではないか」という感じはしますね。

日本は、日清《にっしん》戦争をやったり、日露《にちろ》戦争をやったりして、中国やロシアと戦いましたけれども、この二つの国が共産主義国になってからやっていることは、かなり内容的には悪いことで、民主主義的には理解できないことです。そのやり方はナチスとほとんど変わりません。政府に反対する者を、すぐに捕《つか》まえ、収容所に送って処刑《しょけい》します。ソ連も中国も同じです。粛清《しゅくせい》というやつですね。

これを見て、共産主義がナチスと同質なものであることは分かったので、それであるならば、「日本を、あそこまで弱めたのは、間違《まちが》いだったのではないか」ということで、日本に再軍備を命じたのも私です。だから、警察予備隊から自衛隊に至る道を敷《し》いたのも私なんですね。

また、弱っていた日本の財界は、朝鮮《ちょうせん》戦争で朝鮮特需が起き、さまざまなものを工場《こうじょう》でつくれるようになって、復興したわけです。

その朝鮮戦争のときに、「やはり、日本が共産主義の防波堤《ぼうはてい》にならないと危ない」ということが分かってきて、「日米が、がっちりと組まなければ、ソ連と中国の共産主義運動が拡大してきて、世界中に広がってしまう。日本を防波堤に変えなくてはいけない」という考えになったのです。

ソ連の日本占領を防ぐために、アメリカは終戦を急いだ

占領の終結に当たって、「サンフランシスコ平和条約」が、アメリカなどとの間《あいだ》だけで締結《ていけつ》されましたが、ソ連などを含《ふく》んでない平和条約だったので、日本の学者等は、「全方位で締結するべきだった」と悪く言っていたけれども、結果的には、日本をアメリカのほうの陣営《じんえい》に組み入れることができました。

それで安保の問題が出てきて、「六〇年安保」のときには、十年近くたった安保条約の改定をめぐる混乱が起きましたが、そのころ、日本の中国化運動、ソ連化運動が、ものすごい勢いで起きてきました。要するに、そのころ、ソ連や中国の共産主義が、ものすごく拡張していて、それが日本に押《お》し寄せてきていたんですね。

ソ連は、重化学工業面においては、その社会主義政策が図に当たって、工場生産

が非常に進んでいたし、ロケットを宇宙に打ち上げる技術では、アメリカよりも進んでいたりしたものですから、さらに日本が共産主義化してしまったら、「われわれの戦争は、いったい何だったのか」ということになるわけです。

実を言うと、日本がソ連に占領されないために、原爆《げんばく》を急いで落としたところがあるんです。

「まもなくソ連が日本に宣戦布告をする」ということは、もう予想していたので、「早く終戦させないといけない。日本人は『本土決戦だ』とか言っているけれども、そんなことをしていたら、ソ連が参戦してきて、日本は、たぶん半分ほど取られる」ということが読めていたのです。

原爆投下を、「人類に対する罪」と言えば、そのとおりであるとは思いますけれども、それを二つ落として終戦を早めようとしたんですね。

それでも、その後、ソ連は、日本に宣戦布告をして、北方の島を取りました。

まあ、われわれには、北方の四島ですか、南千島列島《みなみちしま》について、「日本が植民地化で取ったものだ」という認識しかなかったんです。「その前から日本領だった」という認識が十分になくて、「ほかの所と同じように取った」と思っていたんです。私のほうに、日本の歴史に関する知識がやや足りなかったのです。

もし、その四島について、「以前から日本の領土であった」と知っていたら、もう少し配慮《はいりょ》することは可能だったのですけれども、当時は、「日本列島以外の、いろいろな所は、全部、日本が植民地として取ったものだ」と思っていたので、認識が甘《あま》かったんですね。

このように、日本の歴史に対する認識がちょっと甘かったのですが、その後、六十何年も北方四島の返還《へんかん》運動をやるのを知っていたら、それに関して、ソ連を牽制《けんせい》することと自体は可能であったのです。われわれの知識不足でしたね。

樺太《からふと》あたりまでは、ソ連に取らせてもよいのかもしれませんが、「北方四島まで取らせた」ということには、やや不手際があったかなと思います。

まあ、それでも、あのままだったら、あと一カ月あれば、ソ連は北海道も取ってしまったでしょう。

だから、「日本の敗戦処理と戦後占領政策を、ものすごい速度で一気に進めてしまわなければいけなかった」ということもあって、「その全体の方針は、マッカーサー占領体制下で決めてしまう」ということになったわけです。

でも、結果的には、日本にとって、それは良かったと私は思いますよ。それをやらなければ、南北朝鮮や東西ドイツの悲劇のようなことが必ず起きたはずです。「ソ連に日本を半分寄こせ」という要求が必ず来たはずですし、復興を急がずに、ゆっくりやっていれば、毛沢東革命が起きたあとの中国から、「日本の一部を寄こせ」と言ってくるぐらいのことは、ないとは言えなかったと思えるんです。

戦後の再建計画には日本人の意見をかなり取り入れた

まあ、考え方は、いろいろあろうかとは思いますけれども、私が、次々と、いろいろな方針を打ち出したことは事実です。

ただ、アメリカでは、全部を私がつくったように思われている節《ふし》もあるのですけれども、かなり日本人の力も働いていたのです。戦後の日本の再建計画に関しては、一緒《いっしょ》に仕事をしていた日本人たちの企画や考え方を、そうとう取り入れて、やっているのに、アメリカ人は日本人の力を過小評価しすぎていると思います。

私たちには細かいところまでは分かりませんので、現実には、日本人たちの自主再建計画をそうとう取り入れて、やっております。そのなかには、マッカーサーの手柄《てがら》にされているものも、かなりありますけれども、現実には、日本のほうから、復興計画、復興プランは、そうとう出てきていたわけで、日本人は、そんなにバカではありませんでしたね。

B―― 分かりました。

4 「マッカーサー憲法」成立の真相

憲法の骨子は「民主主義」と「戦争放棄《ほうき》」

B──　それでは、次に、日本国憲法について、お伺《うかが》いしたいと思います。

マッカーサー　はい。

B──　日本国憲法は、「マッカーサー憲法」と称《しょう》されるように、占領《せんりょう》下において、マッカーサー元帥《げんすい》の下《もと》でつくられたものです。

例えば、「マッカーサー三原則」と言われる骨子をもとに一週間足らずで草案ができ、それを微《び》修正して憲法をつくったと言われていますし、その内容は、アメリカが半植民地化しようとしていたフィリピンの憲法を参考にしたとも聞いています。

マッカーサー　そうです。

B――　そこで、この憲法を作成する過程における、そのあたりの事情について教えていただければと思います。

マッカーサー　うーん、まあ、当時、アメリカ人の大部分は、「日本が民主主義国家だった」という認識を持っていなかったんですね。

あなたがたから見れば、明治以降、民主主義をやっていたつもりであったでしょうし、「大正デモクラシー」とかもあったんでしょうけれどもね。

しかし、アメリカ人の大部分は、そういうことも知らず、昭和期以降の日本の帝《てい》国《こく》主義的侵略《しんりゃく》ばかりを見て、「日本は、天皇独裁であり、天皇の命令で軍部が全部動くような国だ」と思っていたようではあります。

だから、「日本の民主主義は、われわれがつくった」というようにアメリカ人は思っています。アメリカ人の大部分は、いまだに、「日本は、先の敗戦以後、民主主義国家になった」と思っているでしょうね。

だけど、意外に、戦前、すでに国会も開かれていたし、政党政治も行われていたので、やはり、「昭和期の軍部の独走によって国家の統制が始まってから、おかしくなった」ということかと思います。

まあ、戦後の日本をつくるに当たって、「天皇制を残す」ということは、私が大統領に進言して認めさせたものです。

それから、「戦争放棄《ほうき》」というのは、かなり大胆《だいたん》な条項《じょうこう》ではあるけれども、これは、「軍部の独走みたいなものが起きないようにする」ということですね。日本は、民主主義政治をやっていたつもりでも、結局、軍部の独走を招いてしまったわけなので、戦争の放棄を明確にしておきたかったのです。

それと、「民主主義的な政治を行う」ということを、基調として憲法にきちんと入れたわけです。

天皇についても、「象徴《しょうちょう》として残すが、あくまでも象徴にすぎず、実権を持ってはいけない」ということですね。

それ以前も、天皇制の歴史を見れば、事実上、天皇が象徴であった時代はけっこうあって、日本の国体にそれほど合わないものでもなかったので、日本人は象徴天皇制を受け入れるだろうとは思っていたのです。

だから、「軍隊を持たせない」ということと、「民主主義政治にする」ということが、憲法の大きな骨子だったと思います。

ただ、日本に軍隊がなければ、全部、米軍でやらなければいけなくなるので、朝《ちょう》鮮《せん》戦争が起きてからは、「アメリカに牙《きば》を剥《む》かない軍隊」が急速に必要になってきました。

それで、私は、やむなく、警察予備隊から自衛隊へと、だんだん準備をしていったわけですね。日本が、ある程度の軍隊、国を護《まも》るぐらいの自衛軍を持っていなければ、「アメリカから兵を送って、常時、護る」ということになりますが、それは難しいことなのです。

トルーマン大統領と私は相性が悪かった

朝鮮戦争では、北朝鮮が南下して、いったんは韓国《かんこく》も南端《なんたん》のほうまで攻《せ》められましたが、国連軍が押《お》し返し、やがて三十八度線で停戦になったんですよね。

私は、「台湾《たいわん》にある軍隊も朝鮮戦争に投入せよ」とか、「原爆《げんばく》投下も辞さない」とか、強硬論《きょうこうろん》を主張したので、トルーマンに解任されてしまいました。ま、ちょっと相性が悪かったこともあるんです。トルーマンと私は相性が悪かったんですね。

トルーマンは、「大学を出ていない」という、珍しいアメリカ大統領ですけれども、私は、陸軍士官学校にトップで入学し、トップで卒業しましたのでね。まあ、そのへんで、ちょっと肌合《はだあ》いが合わなかったところはあるかと思います。アメリカの伝統から言えば、軍人から大統領になることは、いくらでもありますので、私だって大統領になる資格はあったわけなのですが、トルーマンは、「ルーズベルトが死んだ」という理由により大統領になった人でしたのでね。

だから、「マッカーサーは、『戦争の勝利』と『戦後統治の成功』という手柄《てがら》を引っ提《さ》げてきたら、次の大統領にだってなれるかもしれない」という考えは、やはりありましたから、私が、その強硬策を言ったあたりで、「マッカーサーを解任しておいたほうが安全だ」と考えたのではないかと思いますね。

「硬性《こうせい》憲法」だから憲法改正ができなかったのか?

B——　憲法について、さらにお伺いしたいのですが、やはり、「真なる独立国家であるためには、自国民による憲法の作成・制定が不可欠である」と思います。

しかし、この日本においては、占領下に制定された日本国憲法が、そのまま残っていて、一度も改正されることなく現在に至っているわけです。日本国憲法は「硬性憲法《こうせい》」ですが、あえて、改正できないようにつくられたのでしょうか。

また、憲法九条のように「平和憲法」と呼ばれる部分もあり、これも、憲法改正がなかなかできない理由の一つになっていると思います。

このあたりについて、ご見解をお聞かせください。

マッカーサー　まあ、憲法作成過程には日本の憲法学者等も参加はしておりますので、「全部、押し付けた」と言うつもりは、まったくないんです。

私から草案は出しましたが、日本国憲法として確定するに当たっては、いちおう、日本の憲法学者等にも意見は言わせたりして、からませてはおります。

そのあと、日本は、独自の憲法改正をせずに、憲法の解釈《かいしゃく》を変えることで、どんどんやっていく、「解釈改憲」という手法を、だいぶ使ってきましたね。

「硬性憲法だから、変えられなくなった」と言うけれども、そんなことはなくて、アメリカの憲法だって硬性憲法なんですよ。だけど、憲法の改正はなされているし、ドイツの憲法も軟性憲法ではないと思いますが、改正はなされています。

だから、国民が「憲法を変えたほうがいい」と判断すれば、変えられるものなのです。日本の国民は、「憲法を変えないほうがいい」と、ずっと思っていたから、変えなかっただけだと思いますね。「本当に改正が必要だ」と国民が思ったら、国会議員の三分の二以上ぐらい、取れないことはないですよ。

やはり、国民自体に、「もう戦争はこりごりだ」という気持ちが、そうとうあったのではないでしょうかね。

「占領されたあと、日本が経済的にも発展し、平和が続いたので、その憲法を国民が支持した」ということでしょう。

あなたがた日本人が、戦後、立ち直ることもなく、悲惨《ひさん》な生活をしていたなら、例えば、シベリアでは、日本人が何十万人も抑留《よくりゅう》されて、十年以上、働かされたと聞いていますが、そういう状態が日本国内でずっと続いていたなら、そんな憲法は変えたくなったことでしょう。しかし、まあ、平和と繁栄《はんえい》を享受《きょうじゅ》できたので、変えたくなかったわけでしょう。

結局、「憲法九条を変えることによって、また戦争に巻き込まれるのではないか」と思う人たちの数が多かったんでしょうね。

まあ、硬性憲法にする必要は必ずしもなかったのかもしれないけれども、普通の法律でしたら毎年のようにつくれるので、それと同様に国家の方針がころころ変わる可能性もあるため、そういう意味では、ある程度、改正の難しさはあってもいいのかもしれません。

でも、本当に変えようと思えば、国民の八十パーセントぐらいの支持は取れるものです。「変えられない」というのは、やはり、「変えたくない」という世論《せろん》が強いと取るべきでしょうね。

だから、日本人自身が、本能的に、「そのほうが自分たちを護れる」と判断しているのでしょう。「憲法を改正しようとすると、すぐに政権から引きずり降ろされる」という状態ですからね。

したがって、「改正手続きを難しくしたから、憲法改正ができないのだ」と言われましても、それだけが理由ではないのではないかと考えます。

B――　はい。

多国籍《たこくせき》連合で中国の覇権《はけん》主義を封《ふう》じ込《こ》めよ

B――　マッカーサー元帥が現代のさまざまな国際情勢をご覧になられた上で、「日本国憲法の、この部分は改正すべきだ」と思われる内容がありましたら、お教えください。

マッカーサー　次は中国の覇権《はけん》の問題が大きいでしょうね。これはアメリカにとっても頭の痛いところです。

経済的結びつきは今後も拡大していかなければならないけれども、中国が次の覇権国家を目指しているのは間違《まちが》いありません。かつての日本の立場に、今、中国が立とうとしているわけです。

まあ、どう見ても、覇権戦争の面はありますよ。今、中国がやろうと思っていることは、かつて日本がやろうとしたことと、ほとんど同じです。

実際に、国境を接している国を中国が奪《うば》ったことについて、他国は軍隊を出して中国を追い返すことまではできずに放置しているんでしょう？　中国は、内モンゴル、ウイグル、チベットという、隣接《りんせつ》するところを取って、「もともと自国の領土だった」と言っている。歴史的に見れば、確かに、そういうときは何度もありましたからね。

そのように中国の領土自体が伸《の》びたり縮んだりしていますので、「歴史的には中国の領土だった」と言って取ったときに、他国には、軍隊を送ってそれを追い返すだけの正当性もなければ、それほどの気力もないという状態であったと思うのです。

ところが、「海を越《こ》えてまで、ほかの国を侵略していく」ということになったら、かつての日本と同じような問題が起きてきます。「これに関して、どうするか」ということが、やはり、次の大きなテーマでしょうね。

まあ、アメリカ経済の衰退《すいたい》もあろうけれども、アメリカとしては、やはり、「日本やヨーロッパあたりと連合し、多国籍《たこくせき》連合で、何とか中国の覇権主義を押さえ込《こ》みたい」と思うでしょうし、おそらくは、「それを願うであろうロシアやインド等からも、賛成を取りつける」というスタイルを取るでしょう。

今までチャイナ封《ふう》じ込め作戦は取っていなかったんですけれども、今後は、何らかの「コンテイニング・チャイナ（中国封じ込め）」の方針を取る人が出てくるでしょうね。オバマさんがそれをするかどうかは分かりませんが、次の大統領あたりは、その方針を取らざるをえないと私は思いますね。

だから、その前に日米同盟を潰《つぶ》してしまうことがないように願いたいものだなと思っています。

B――　ありがとうございました。
それでは、質問者を替《か》わらせていただきます。

マッカーサー　はい。

5　なぜ日本の宗教を骨抜《ほねぬ》きにしたのか

C――　本日は、ご指導まことにありがとうございます。私からは「宗教の問題」について質問させていただきます。

現在の日本においては、民主党が政権を取り、鳩山《はとやま》首相が政治を行っているわけですが、全般的《ぜんぱんてき》に見て、今、日本の民主主義は衆愚政《しゅうぐせい》のような状態に陥《おちい》っているのではないかと感じられます。

その問題の根本《こんぽん》は、やはり、民主主義の担保となる精神性や、その中核《ちゅうかく》である宗教の部分に行き着くのだろうと思います。

先ほど、「マッカーサー元帥《げんすい》が、天皇制を残すために、さまざまな反対を押し切って尽力された」というお話を伺《うかが》いましたが、その一方で、「日本国憲法によって宗教が骨抜《ほねぬ》きになった」という部分もあるのではないかと思います。

現在、イラク戦争後の、アメリカ軍によるイラク統治において、イスラム教にまでは手をつけていないように見えますが、それと対比して、戦後の日本では宗教が骨抜きにされたように感じます。

日本の占領《せんりょう》統治において、宗教を骨抜きにしたことの意図は、どのようなものだったのでしょうか。そして、その点について、現時点ではどのように考えておられるでしょうか。

日本をキリスト教国に変えることまではしなかった

マッカーサー　うーん、まあ、イスラム教はイラクの国教と化していて、国民がすべてイスラム教徒なので、それを全部、改宗させるのは無理だろうというのは、最初から、だいたい見えていました。

かつてのイギリスも、インドを植民地化して、百数十年、統治しましたが、「インドの宗教を全部なくして、キリスト教国に変える」というのは、やはり、ちょっと無理でした。インドは、数千年という長い歴史を持つ宗教国家で、あまりにもたくさん宗教があったので、ちょっと無理だったところはありますね。

それで、日本の宗教についてですが、いや、あわよくば、もう一段、やる気はあったんですよ。日本の民主化を、もう一段、推《お》し進めるだけの力があれば、民主主義と同時に、キリスト教もドーッと押し込んで、日本をキリスト教国に変えようと思っていた時期もあるのです。

しかし、そうすると、基本的には天皇制を廃止《はいし》しなければいけなくなるので、先ほど言ったイラクのように、「内戦が延々と続く」ということが、だいたい見えたわけです。やはり、「天皇制を残す」と言わなければ、国民が収まらないと見て、廃止するのをやめたわけですよ。

実際には、「天皇制を廃止して、キリスト教国に変えてしまう」という案もあったし、私も、一時期、そのように考えていたんです。

しかし、日本の歴史を見たところ、大正時代等には、天皇制の下《もと》でも民主主義政治が行われていたことを発見したので、そうであるならば、天皇が軍部を指導したりできないように、天皇から実権を切り離《はな》しておけばいいのではないかと考えたわけです。

また、日本神道《しんとう》そのものには、鳥居《とりい》に象徴《しょうちょう》されるように、かたちは尊重するけれども、中身についてはあまり言わないところがあります。日本人に、「日本神道の教えとは何ぞや」と訊《き》いても、ほとんど答えられませんでした。いろいろな人に、

「日本神道の中心教義は、いったい何なのか」と訊いてみても、みな、分からなかったのです。

日本神道では、「天皇は神様の子孫である」ということになっています。「昔、神様が地上に降りて国をつくり、その子孫が天皇である」ということになっているので、天皇制を残せば日本神道は維持《いじ》できるものであるのです。

「日本神道には、もともと、中身としての基本教義がない」と言われているし、神社系統の人たち自身も、「神道は宗教にあらず」と、明治以降、ずっと言っていたんですよ。「神道は、日本の昔からの習俗《しゅうぞく》であって、宗教ではない」と、自分たちで否定していたぐらいなんです。

それで、それを逆手《さかて》にとって、「日本神道は宗教ではないから、政治と結びついてもいいんだ」というような、ちょっと変な論理があったんですね。

戦後、宗教の「自由市場」ができたことは幸福だった

「宗教を骨抜きにした」という言い方もあるけれども、戦後、日本には、「神々のラッシュアワー」と言われる時代が来て、新宗教がたくさん出てきたわけです。これは、政治で言えば、数多くの政党が立ち上がったのと同じような状況《じょうきょう》ですね。

やはり、宗教の「自由市場」ができ、そのなかで、多くの支持を受けた宗教がメジャーになるのなら、それで良いのではないでしょうか。

だから、私のおかげで、戦後、新しい宗教がたくさん出てこられるようになったわけだし、私のおかげで、幸福の科学も出てくることができたのだと思いますよ。天皇制が戦前のような国家神道のかたちであれば、幸福の科学は弾圧《だんあつ》されているはずなので、出てくるのは無理だったでしょうね。

まあ、「宗教を骨抜きにした」という悪い言い方もされますが、国家神道が弱くなったおかげで、宗教の自由マーケットができましたし、そのなかで自由競争をし

た結果、「多くの支持を受ける宗教が大きくなる」ということで良かったんだと思います。「小さな宗教がたくさんできてしまった」ということならば、それは、「多くの支持を受けるものがない」というだけのことでしょうね。

もし、宗教を骨抜きにせず、「戦前の国家神道を維持する」ということにしたならば、それは必ずしも幸福なことではなかったのではないでしょうか。

国家神道は、同じ神道のなかでも、「教派神道」と言われる新宗教的な神道を、全部、弾圧・排除《はいじょ》していきました。例えば、大本教《おおもときょう》も弾圧されたし、天理教《てんりきょう》も弾圧されました。そういうふうに神道系の他宗派も弾圧されています。

その意味では、政治や軍隊とも結びつくような「天皇制による国家神道」というものは、むしろ骨抜きになったほうが、他の宗教にとっては幸福だったのではないでしょうかね。

キリスト教については、先ほど、私たちは押し付けなかったと言いましたが、「一億人以上いる日本国民のなかで、キリスト教信者は百万人をどうしても超えない」という状況にあります。これを見れば、「アメリカ軍は、日本を占領しても、日本人の心までは占領できなかった」ということを証明しているではありませんか。

本来、日本のキリスト教徒は一千万人ぐらいいてもおかしくないし、二千万人いてもおかしくないのですが、そうはならなかったわけですね。

日本は、そういう状態にあるので、それぞれの宗教が、その中身によって自由競争をし、内容のある立派なもの、メジャーなものをつくっていけばよいと思います。それは日本国民自身の使命であり、そこまでは私どもの責任の範囲《はんい》ではないと考えますね。

C―― ありがとうございました。

それでは、質問者を替《か》わらせていただきます。

マッカーサー はい。

6　中国の脅威《きょうい》と日本の防衛力強化について

D――　先ほど東アジア情勢の話が出ていましたが、中国の脅威《きょうい》というものは確かにあると思います。そこで、「日本の立場から、これをどう迎《むか》え撃《う》つべきか」ということを、お教えいただけたら幸いです。

特に、今、日米安保が揺《ゆ》れている状況《じょうきょう》ですが、日米安保の重要性、あるいは、日本の軍備強化に関して、マッカーサー元帥《げんすい》は、どのようにお考えでしょうか。

日本は、防衛の考え方を変える時期に来ている

マッカーサー　うーん、これは「痛し痒《かゆ》し」でしょうね。

アメリカの今までの論理は、「日米安保があるから、それが日本の軍部の独走を

防ぐ『ビンの蓋《ふた》』になっていて、アジアは安全なんだ」ということであり、中国やアジアの近隣《きんりん》諸国にも、そういう言い方をしていました。

その意味で、中国でさえ、アメリカ軍の駐留《ちゅうりゅう》や日米安保を認めていたところがあるんですよ。

それに、「アメリカは民主主義国なので、独裁国家になって無茶なことはやらないだろう」という、いちおうの安心感と、「先の大戦のときに助けてもらった」という面もあったんだと思うんです。

したがって、「日本が、独自防衛をし、単独で戦争ができるような体制になる」ということは、中国に続いて、もう一つ覇権《はけん》国家が出てくる可能性を意味するので、アジアの近隣諸国は、十分に怖《こわ》いことだと考えるでしょうね。今までの流れから見ればね。

ただ、日本の立場で考えるならば、「北朝鮮《きたちょうせん》が核兵器《かくへいき》を開発し、核武装をしている」という状況ですので、まあ、米軍のプレゼンス（駐留）があれば大丈夫《だいじょうぶ》だとは思うけれども、やはり、何らかのかたちで考え方を変えなければいけない時期に差し掛《か》かっているとは思いますね。

今、基地に関して、「米軍は出て行け」というような運動が起きているでしょう。そういう声があまりにも強ければ、出ていくしかないと思います。

ただ、その場合に、例えば、北朝鮮の金正日《キムジョンイル》が、ある日突然《とつぜん》、「日本に撃ち込む核ミサイルを、二百基、持っている。十分《じっぷん》で日本の主要都市を攻撃《こうげき》できる」と高らかに宣言したときには、どうするんですか。

日本の自衛隊では、どうにもなりません。まあ、「パトリオット・ミサイルで撃ち落とす」ということぐらいしかできないんですが、向こうが、どんどんミサイルを増産してくれれば、全部は撃ち落とせませんので、そのうち、どれかは当たりますよ。

向こうの核ミサイルが一発当たったとしても、十万人規模の被害《ひがい》は出ますからね。それは、許せることではないでしょうから、やはり、論理的に、「北朝鮮のミサイル基地をたたく」という議論が出てくるでしょうね。それは、当然、出てくると思いますね。

しかし、「中国とまで事を構えるかどうか」ということになると、話は別です。中国はもう核大国になっておりますので、現実問題としては、アメリカも中国を十分に恐《おそ》れています。中国と戦争して負けるとは思っていないけれども、被害はかなり出ると見ていますね。

もし中国と戦争になれば、中国は、アメリカの主要都市に向けて核ミサイルを発射すると同時に、おそらくは、ハワイやグアム、日本にある米軍基地などにも撃ってくるでしょう。「ある日突然、攻撃されたときに、これをどれだけ防げるか」ということになりますと、やはり、「真珠湾《しんじゅわん》」のようなことになりかねない面はあります。

アメリカは、中国との戦争で最終的に負けるとは思っていないけれども、「被害を止めることは、たぶんできない。かなりの被害が出るだろう」と思っておりますので、まあ、これからの日本のあり方は極《きわ》めて難しいでしょう。

通常兵器レベルで少しずつ防衛力を強化せよ

日本の独自防衛が、あまりにも進みすぎた場合には、中国だけではなくて、今度はアメリカやロシアまでもが心配し始めます。

アメリカのほうも、「下手をしたら、日本がまた暴走するかもしれない」と思うでしょうし、ロシアのほうも、「『北方四島を返さないから』と言って、突如《とつじょ》、日本が攻め込んでくるかもしれない」と思うでしょう。また、「『北朝鮮は、けしからん』と言って、あっという間に日本が朝鮮半島を乗っ取ってしまうかもしれない」などと考えて、近隣諸国が心配し始めることもありましょう。

このへんの関係は、やはり、「過去の日本がやったこと自体から見て、日本は近隣諸国にそれほど深くは信頼《しんらい》されていない」ということですね。

ただ、アメリカ軍のプレゼンスがなくなってしまうと、例えば、台湾《たいわん》が、中国から、いきなり侵攻された場合、日本の自衛隊がそれを助けに行くことは、今の自衛隊の戦力から見て、ありえないことですから、台湾は見殺しになりますね。

つまり、台湾や韓国《かんこく》などにとって、「米軍がグアムやハワイに撤退《てったい》していく」ということは、それだけ危険度が増すことを意味します。

したがって、日米安保を堅持《けんじ》しつつ、通常兵器レベルで少しずつ防衛力を強化していくことです。ほかの国をあまり心配させないように、上手に防衛力を強化していくことが大事です。

あまりにも強硬《きょうこう》に、「中国軍と全面対決をしても勝てるような軍事大国を目指そう」などと言うと、諸外国も怖がるし、日本のなかでも反対が非常に強くなるでしょうから、通常兵器のレベルでよいので、少しずつ少しずつ国防態勢を充実《じゅうじつ》させていくことが大事なのです。

はっきり言えば、民主党政権で頓挫《とんざ》している、パトリオット・ミサイルの全国配備などは、やはり、きちんと進めていくことが大事でしょうね。

だから、日米安保は堅持しておいたほうが、経済的に見ても安上がりだと思いますね。アメリカは軍事予算だけでも六十兆円ある国なんです。日本の今の財政赤字の状態で、それだけの軍事予算を使えるわけがありませんのでね。

日本は、あくまでも日米同盟を前提にしていますので、中国と戦っても、アメリカと戦っても、それは駄目《だめ》ですよ。ロシアだって、核大国ですので、なめてはいけません。ロシアが怒《いか》り狂《くる》って、核ミサイルをたくさん撃ち込んでこられたら、日本は終わりになります。

だから、「日本は、今のところ、国連の常任理事国とは対等に戦えない状況にある」ということですね。その意味で、「日本は国連の常任理事国に入れない」ということです。悔《くや》しさはあるでしょうが、このへんは日本の実力と国際的な信頼とのバランスによるでしょうね。

アメリカは、何も判断できない鳩山《はとやま》政権を見限っている

D――　最後に、今、迷走を続けている鳩山《はとやま》首相と、日本の国民に対して、マッカーサー元帥から、一言、メッセージをいただければと思います。

マッカーサー　うーん、まあ、アメリカが、もう鳩山政権を見限っているのは明らかです。

「彼には判断力がない」ということですね。あれでは〝鳩山天皇〟にしかすぎないでしょうね。彼と、政治の問題について話しても、天皇陛下と話しているような感じで、全然、らちが明かない。小沢が判断するのなら、小沢が出てこなければいけないけれども、小沢も隠《かく》れていて出てこないでしょ?

小沢幹事長も出てこないし、鳩山は〝天皇陛下〟と化して何も判断できない状況ですから、これでは、らちが明かないんです。

アメリカという国が、いつも苦しんでいるのは、「日本の意思決定論者が分からない」ということなんですよ。誰《だれ》と話をしたら決まるのかが分からないんです。根回しをしたり、目に見えない空気で動いたりしていく国なので、意思決定をする人がいないのです。

その意味では、今、アメリカは、そうとうカリカリ来ていると思いますね。もし普天間《ふてんま》問題が解決しなければ、アメリカは、鳩山政権に、実質上、引退勧告《かんこく》をすると思いますね。トヨタ問題等でいじめているのは、もう引退勧告が始まっているからだと見ていいと思います。

さらに面白いことには、「アメリカ以外に、中国や北朝鮮なども、軍事的な脅威をちらつかせて、〝引退勧告〟をしてくださっている」という、まことに珍《めずら》しい状況が、今、起きているんじゃないですか。

「韓国船が北朝鮮の魚雷《ぎょらい》等を受けた」とかいう話も出ているようですが、米軍の撤退や基地の反対運動が盛り上がってくると、北朝鮮も、そろそろ、また何かやりたくなってくるかもしれませんね。だから、日本いじめが、これから盛んになってくるのではないでしょうか。

われわれから見れば、日本というのは、もう本当に意思決定をする人がいなくて、つかみどころがない国なんです。誰と話したらいいのかが分からない。さらに、政党も、小党に分立して、ばらばらになろうとしているので、もう交渉《こうしょう》の相手がいないんですよ。

外務大臣と話しても、首相は「外務大臣とは意見が違《ちが》う」とおっしゃるし、首相が決めても、幹事長がそれを拒否《きょひ》するとか、いろいろなことが起きて、もう、さっぱり分からないですね。

したがって、「ある程度、凶暴《きょうぼう》ではない範囲内《はんいない》でリーダーシップを発揮する人が出てくることが望ましい」と思っております。

アメリカの側から見て、今の日本で望ましい政治家というと……、うーん、ま、はっきり言って、われわれの目から見れば、今の日本には三流の人物ばかりがいるように感じますね。

アメリカ人というのは、もうちょっとガッツのある人間が好きなんですよ。だから、ガッツがあって、話がきちんと通じるタイプの政治家が出てくることを、ある程度、望んでいると思いますね。

今は、まあ、鳩山首相には引退勧告をしていると思います。

D――　ありがとうございました。

それでは、以上とさせていただきます。

マッカーサー　はい。

大川隆法　うーん。けっこう、そつのない感じの話でした。マッカーサーは意外に官僚的《かんりょうてき》頭脳を持っていますね。

うーん。リスクを負わないように、上手に逃《に》げていましたねえ。「マッカーサーが、〝ご神託《しんたく》〟を降ろして、『こうせよ』と言った」という感じにならないように、うまく逃げていましたね。まあ、なかなか老獪《ろうかい》です。

第2章

ワンマン首相の現在

二〇一〇年四月二十六日　吉田茂の霊示

吉田茂《よしだしげる》（一八七八～一九六七）
外交官、政治家。第45・48～51代内閣総理大臣。親米・保守の立場をとり、戦後日本の礎《いしずえ》を築いた。一九五一年、サンフランシスコ講和条約を締結《ていけつ》し、日本の主権回復を実現させた。「吉田学校」と呼ばれたグループには、池田勇人《はやと》、佐藤栄作《さとうえいさく》などがいる。麻生《あそう》太郎元首相の祖父に当たる。

［質問者二名は、それぞれA・Bと表記］

1　麻生《あそう》太郎氏が首相になったことは知っている

大川隆法　吉田茂を呼んでみますか。

A――　はい。では、よろしくお願いします。

大川隆法　高い世界に還《かえ》ってくださっていれば、いいのですが、なんとなく、「そうではない」という感じがしますね。
ただ、マッカーサーよりは、もっと、はっきりと意見を言ってくださるのではないかと思います。
元日本国《にっぽんこく》総理大臣、吉田茂さん。元日本国総理大臣、吉田茂さん。

戦後の政治家である、吉田茂元総理大臣。麻生《あそう》太郎氏の祖父に当たる、吉田茂元総理大臣。

願わくば、幸福の科学・教祖殿《きょうそでん》に降りたまいて、われらをご指導ください。

吉田茂　ゴホッ。うー、カッ。ううー、うー。ゴホッ。

A――　おはようございます。

吉田茂　ううーん。

A――　吉田茂元首相でしょうか？

吉田茂　ああ。元？　元って言ったか？

A――　はい。

吉田茂　元って、どういうことだ。ん？

A――　吉田首相は、今は、西暦《せいれき》何年であると認識されていますか。

吉田茂　うーん。元ねえ。元っていうと、なんか、すごく古い感じがしてくるがねえ。

何となく、あの世へ行っても……。あ、あ、あの世かな？　ここは、あの世？

あれ？　あの世？

A――　こちらは、この世です。

吉田茂　この世？

A――　はい。本日は、幸福の科学の教祖殿・大悟館《たいごかん》にお呼びさせていただきました。

吉田茂　うーん、そうか。何だか、まだ、総理をやっているような気分もするんだがなあ。あ、そう。総理じゃないんだよな。まあ、確かに、辞めたんだっけな。記《き》憶《おく》がはっきりせんなあ。

A――　吉田首相は、現状の日本をご存じですか。

吉田茂　「現状の日本」って、どういう意味だ？

A――　「二〇一〇年、日本の政治の状態がどうなっているか」ということです。

吉田茂　ああ、「太郎君が何《なん》かやっていた」というのは知ってるよ。

A――　そのあとは、ご存じでしょうか。

吉田茂　あと？

A――　衆院選で自民党が負けて、民主党政権が誕生したというのは、ご存じですか。

吉田茂　まあ、政治の世界は何でもあるさあ。そらあ、政権が変わるぐらいのことは、君、普通《ふつう》じゃないか。何がいけないんだ。

A――　いえ、そんなことは、ございませんけれども。

吉田茂　太郎君は？　太郎君は、どうしたんだろうね。

A――　総理は、もう退《しりぞ》いています。

吉田茂　ああ、そうなのか。うーん。

A――　鳩山由紀夫《はとやまゆきお》氏が……。

吉田茂　鳩山っ？

A――　鳩山一郎の孫が、今、総理をしています。

吉田茂　鳩山かあ。ああ。そりゃ、鳩山じゃ力がないだろうな、さぞかし。

A――　吉田首相が退陣《たいじん》し、鳩山一郎首相が誕生した当時と、今、似たような状態かと思いますが、本日、あの吉田首相をお呼びして……。

吉田茂　「あの」っていう言い方はないだろ、君。「あの」じゃなくて、「この」だろうが。

A――　「この」ですね？　はい。

吉田首相は、長期政権を維持《いじ》され、戦後の日本のグランドデザインをつくられた方であると思います。

吉田茂　君、なかなか、お世辞がうまいじゃないか。うん。ちょっと立ち直ってきたな。

Ａ――　先ほど、マッカーサー元帥《げんすい》をお呼びし、お話をいただいたのですが、お聞きになられましたでしょうか。

吉田茂　うーん。何だか、そのような感じではあったたな。

Ａ――　そのマッカーサー元帥から、現在の日本に対して、ご意見やアドバイスをいただいたのですが、吉田首相からも、何かございましたら、お教えいただきたいと思います。

吉田茂　君は、わしから、何か失言を引き出そうとしておるんだろう？

Ａ――　いえ、そんなことはございません。率直にお話しいただければと思います。

吉田茂　その手には乗らんぞ。君、新聞記者か？

A――　いえ、私は宗教家です。

吉田茂　え？　宗教家？　宗教家がなんで背広を着て、ネクタイしてるんだよ。袈《け》裟《さ》衣《ごろも》を着んかい。ん？　頭を剃《そ》ってないじゃないか、君。嘘ついちゃいかん。

A――　宗教というのは、決して外見ではありません。〝中身〟を見て判断していただきたいと思います。

吉田茂　キリスト教か？

A――　いえ、「幸福の科学」という宗教です。ご存じありませんか。

吉田茂　そんなもの、君ねえ。何だ、それ？

A——　ご存じないですか。

吉田茂　知らん。

A——　最近の日本を、ご覧になっていますか。

吉田茂　最近って、どういう意味だ？

A——　最近というのは、二〇一〇年のことです。二〇〇〇年代に入ってからの日本を、ご覧になっていませんか。

吉田茂　二〇一〇年っていう言い方は、よく分からんなあ。

A——　今、どのような所に、いらっしゃいますか。

吉田茂　うーん。なんか、ちょっとねえ。いや、カレンダーがなくて、よく分からないんだよ。いったい、今、何年何月なんだか、よく分からない。ちょっと、ボヤッとして、曖昧模糊《あいまいもこ》としておる。

ただ、「太郎君が出て、なんか叩《たた》かれて、辞めたらしい」とか、まあ、そんなのは、何となく、分かったりはしている。

2 大磯《おおいそ》に隠遁《いんとん》しているつもりでいる吉田茂の霊

A――　そうですか。あの世では、今、どのような仕事をされているのですか。

吉田茂　どのような仕事って、君、大磯《おおいそ》で引退生活してるんじゃないか。なに言ってんだ。

A――　まだ、大磯にいらっしゃるのですか。

吉田茂　そりゃ、そうだよ。

A――　大磯のお宅は、火事で消失してしまいましたが。

吉田茂　え？　え？　えっ？　君、なに言ってるんだ。え？

A――　去年でしたか、大磯のお宅は……。

吉田茂　なに言ってるんだ。わしは、まだ大磯に住んでる。なに言ってるんだ。今、住んでるじゃないか。なに言ってるんだ。

A――　そうですか。あの世には、まだ還《かえ》られていないのですか。

吉田茂　君、何か勘違《かんちが》いしてるんじゃないか。

A――　あの世には、還られていないのですか。

吉田茂　いや、大磯に隠遁《いんとん》しとるんだって。

A――　まだ生きていると……。

吉田茂　来る人が、あまり、いないんだよなあ。人気ないのかな。

A――　ご自分が、お亡くなりになったことは、ご認識されていませんか。

吉田茂　亡くなったって？　どういうこと？　どういうことだ、それは。

A――　「死んだ」ということです。

吉田茂　死んだって、どういうことだよ。そんな、俺《おれ》は生きてるじゃないか。なに言ってるんだ。ばかなこと言うんじゃないよ。

A――　「肉体から抜《ぬ》け出て、魂《たましい》になった」ということです。

吉田茂　うーん。いや。うーん……。宗教家だって？　背広着て、マイク握《にぎ》って、ボールペン持って、ノート取って、おまえたちは、それで、宗教家だって言うの？

A――　外見は、どうであろうと、私たちは宗教家です。ただ、「二〇一〇年まで生きている」ということは、ありえないですよね。

吉田茂　二〇一〇年っていうのは、君、SFみたいだな。何だか。

A――　ただ、麻生《あそう》太郎氏が総理になったことは、ご存じであるわけですね。

吉田茂　「太郎君がなった」とかいうのは、なんとなく聞いたけど。

A――　それは、テレビでご覧になったのですか。

吉田茂　何だろねえ。いや、わしは引退してるから、あれだけど。風の便りで、

「太郎君がなった」というのは聞いた。

A――　聞いてはおられるのですか。

吉田茂　うん。ときおり、新聞のようなものが来ているような気もする。

A――　そうですか。

吉田茂　なんか載《の》ってたような気がするんだがねえ。うーん。

B――　麻生太郎氏は二〇〇八年に首相になっております。そうしますと、一八七八年生まれの吉田首相は、現在、約百三十歳《さい》ということになりますが。

吉田茂　ああ。長生きしたなあ、ずいぶん。

B――　手元の記録では、吉田首相は、一九六七年十月二十日《はつか》、大磯でお亡くなりになっております。

吉田茂　「亡くなった」って？　君、失礼なこと言うなあ。大磯にはいるけどさ、「亡くなった」っていうことはない。

ま、あの、引退、隠遁したってことだ。隠遁はしてるが、「亡くなった」っていう言い方は、君、侮辱《ぶじょく》だで。

3　鳩山家《はとやまけ》には、骨のある人物がいない

A――　はい。分かりました。それでは、吉田首相に、いろいろお訊《き》きしたいことがあります。

吉田茂　ああ、いいよ。君、マスコミの人？　来るの久しぶりだなあ。

A――いえ（苦笑）、マスコミではありません。宗教家です。

吉田茂　え？　マスコミのインタビューしてるんじゃないのか、これ。

A――いえ、違《ちが》います。

吉田茂　明日《あした》の新聞に載《の》るんじゃないの？

A――いやいや、出ません。

吉田茂　違うのか。

A――今、日本に国難が迫《せま》っております。「鳩山由紀夫《はとやまゆきお》氏が首相になっている」ということからも、お分かりかと思いますが。

吉田茂　何？　太郎を引きずり降ろしたのは……。

Ａ――　そうです。

吉田茂　ああ。ま、鳩山家は、みんな駄目《だめ》だからねえ。基本的に駄目なんだよな。

Ａ――　以前も、そうだったと思いますが。

吉田茂　もう、こんにゃくみたいな人間しかいないんだ。あそこには、骨のあるのはいないんだな。

Ａ――　そのため、日本は今、こんにゃくのような状態になっています。

吉田茂　こんにゃくか。そうか。そりゃ、いかんね。

Ａ――　はい。せっかく吉田首相がつくり上げた戦後のデザインが、今、崩《くず》れ去ろうとしております。

吉田茂　ああ、それは、いけない。まあ、次は、池田勇人《はやと》か、岸信介《のぶすけ》あたりに、政治をやらさないといかんなあ。

A――　いやいや（苦笑）。もう終わっております。

吉田茂　えっ？

A――　池田勇人も岸信介も、すでに首相をされました。

吉田茂　あ、やった？　もう、やったのか。

A――　そして、お二人とも亡くなられております。

吉田茂　ああ、そう。そうかい。そんなに時代が進んだのか。

A――　高度成長期を経て、日本《にっぽん》も大国になりましたが、今、行き詰《づ》まりを見せております。

吉田茂　うーん。そうか。まだボーッとしとるなあ。そうか。何だか、君らは宇宙人みたいだな。

とにかく、五十年ぐらい話がずれてるんだよな。

4　共産党ブームが起きた終戦直後の様子

A――　では、終戦のころの話をお伺《うかが》いしたいと思います。

吉田茂　うーん。そうか。

A――　吉田首相は、戦争中、「一億玉砕《ぎょくさい》」という国論も出ているなかで、外交官として、和平工作に奔走《ほんそう》されたと聞いております。ただ、終戦直前、「一億玉砕」を叫《さけ》ぶ声のなかには、右翼《うよく》だけではなく、左翼、つまり共産分子もかなり入っており、日本に共産革命が起きることを懸念《けねん》されていたとも聞いております。

そこで、終戦のころの、共産勢力の状況《じょうきょう》などを教えていただければと思います。

吉田茂　ああ。共産党は、今、ブームなんだよな、本当に。まあ、共産党員は、戦争中、みんな刑務所《けいむしょ》にぶち込《こ》まれていたからなあ。地下活動やってたんで。

そして、戦争に負けてから、みんな刑務所から出て来て、急に、何だか英雄《えいゆう》みたいになって、今、共産運動が非常に盛《さか》んなんだよなあ。民主主義と共産主義が何だか一緒《いっしょ》みたいになって、すごく盛り上がっとるんだよな。

うーん。まあ、どうだろうか。ファシズムよりは、いいんかね？　よく分からんわ。ムッソリーニっていうのは嫌《きら》いだったがなあ。あいつは偉《えら》そうに言うから、もう、本当に嫌いだったけど、共産主義も、それなりにずれとるな。

いや、共産主義が、今、人気があるのは知ってるんだよ。だから、戦争に負けたからだよ。負けたから、非常に流行《はや》ってるね。

「戦争に反対した」ってことで、人気が出て、共産党員がすごく増えてるね。戦争に反対した人は、みな人気が出てるからねえ。

まあ、そうだねえ。

うーん。何だか、ちょっと話がかみ合わない感じがするが……。うーん。いや、そう、今、共産党ブームだよ。うん。

A――　それは終戦直後のことですよね。

吉田茂　終戦直後？　最近のことだよ。なに言ってるんだ。

A――　今は二〇一〇年です。ちょっと時代がずれているようですが。

吉田茂　いや、それは、まあ、君……。

君らは、すぐ、そんなことを言うが、年寄りをからかっちゃいけないよ。

A――（苦笑）分かりました。ただ、当時のことをよくご存じの吉田首相にお訊《き》きしたいと思いまして。

吉田茂　まあ、カレンダーがないから、何だか、よく分からんけどな。

A――では、質問者を替《か》わらせていただきます。

5　サンフランシスコ講和条約を振《ふ》り返る

B――私《わたくし》からは、吉田首相の功績の一つである「サンフランシスコ講和条約の締結《ていけつ》」についてお訊《き》きしたいと思います。

吉田首相は、戦後、講和に向けてご尽力《じんりょく》され、終戦から六年後、ついに条約締結に至りました。そして、日本のトップ層を引き連れてアメリカに行かれ、条約に調印されたわけですが、それによって、日本の主権が回復し、国際社会に復帰することができましたし、東京裁判で戦犯《せんぱん》に下された刑期《けいき》の短縮などにもつながりました。非常に大きな功績であったと思います。

しかし、条約締結に至る過程では、日本国内において、共産主義者とのイデオロギーの対決といいますか、「アメリカを中心とする西側諸国との単独講和をすべきか。ソ連を中心とする東側諸国も含《ふく》めた全面講和をすべきか」という議論が巻き起こり、そこを強行突破《とっぱ》されて、新たな日本の国のデザインを……。

吉田茂　何だか、君は、明治の人間みたいな言い方をするなあ。なんか、カビの生えたチーズみたいな言い方だ。

B——　そうですか。すみません。

吉田茂　何を言ってるか分からないな。

B――　非常に大きな功績であったと思うのですが……。

吉田茂　過去形をあんまり使うのは、やめてほしいなあ。

B――　このサンフランシスコ講和条約の意義につきまして、今一度、吉田首相から、コメントをいただきたいと思います。

吉田茂　いや、君、何だか、おかしいなあ。そんなことは、みんな知ってることだよ。君、マスコミ失格だよ。君、毎日新聞か？　どこだ？

B――　幸福の科学の職員でございます。

吉田茂　そんな新聞があるんか。まあ、サンフランシスコ講和条約なんか、みんな知ってるじゃないか。君、そんなの取材の対象にならんだろうが。

B――　ま、この講和条約の意義につきましてですね、当時、万難《ばんなん》を排《はい》して決行された吉田首相から、もう一度、国民にお話をいただければと思います。

吉田茂　まあ、そらあ、何でもいいから、味方を増やしておかないと、この国の復興《ふっこう》はならんだろう? ソ連なんかと仲良くなるのには時間がかかるしね。そらあ、すぐには無理だから。まあ、どこでもいいから、できるところと、先に条約を結ばなきゃいかんちゅうことで、そうなったわけだ。

わしの悪口を言うやつが、学者にも本当に多くて、もう、しょうがないんだよ。理想論だな。

やつらは、ほんっとに机上《きじょう》の空論で、机の上で勉強ばっかりしてだなあ、もう、「すべての国と平等に条約を結べ」とか言うて。「やってみい」っちゅうことだ。なあ。できるわけ、ないだろう。バカヤローがっ! ほんっとに、ねえ。

できるところから、やるのが筋だよな。だから、「まずアメリカとやる」っていうのが、それは、もう、正しい判断なんじゃないか。

「東西両方と一緒《いっしょ》に対等にやる」なんていうのは、絵に描《か》いた餅《もち》にしかすぎんよなあ。ほんっとに、南原繁《なんばらしげる》ってのは、どうしようもない「曲学阿世《きょくがくあせい》の徒《と》」だっ！

ほんっとに、なあ。まあ、いろいろ、いるということだ。

君、マスコミにしては、何だか覇気《はき》がないな。もうちょっと、シャンとしなきゃいかんよ。

6　日本は安保でアメリカを〝番犬〟として雇《やと》った

B――　（苦笑）分かりました。
もう一点、このときに、日米安全保障条約（旧安保）も結ばれたわけですが、吉田首相は、同行した人を部屋に入れず、お一人で調印に臨《のぞ》まれたと聞いております。

そして、現在、二〇一〇年におきましては、日米安保が非常に危うくなっておりまして……。

吉田茂　君の未来小説か？　面白いな（笑）。おお、そうか。二〇一〇年にねえ。そうなのか。

B――　日米安保の調印を断行された吉田首相の思い、信念を……。

吉田茂　いや、君の未来小説によると、二〇一〇年の吉田茂っていうのは、どのくらい偉《えら》い神様にされてるんだい？

B――　えー、まあ、戦後、日本という国家をかたちづくる上で、最もリーダーシップを発揮された政治家であり、サンフランシスコ講和条約を始め、日本国憲法の制定など、非常に大きな功績を残されたと……。

吉田茂　ああ。まあ、何だか知らんけど、ものすごく遠くから声が聞こえてくるような感じがするんだよな。わしは、何か、水のなかから聞いてるような……。

君ら、遙《はる》かに遠い世界からやって来た人のような感じがして、しょうがないんだ。大磯《おおいそ》の隠居《いんきょ》を、あんまり、いじめるでないぞ、君。

B――　はい。分かりました。

吉田茂　なあ、わしを、ほめてくれとるんなら、はっきり、「これから、ほめます」って言ってくれればいいのに、何だか、いじめてるのか、ほめてるのか、分からん。何をスクープしようと、君は考えとるんだ？

B――　やはり、日米安保は、日本が、国民の安全を保障しつつ、国を発展させていく上で不可欠なものであると……。

吉田茂　そんな、よく分からんよ。そんなことは分からんけど、とにかく、今のと

郵便はがき

料金受取人払郵便

赤坂局
承認

6467

差出有効期間
平成28年5月
5日まで
(切手不要)

1 0 7 - 8 7 9 0

112

東京都港区赤坂2丁目10—14
幸福の科学出版(株)
愛読者アンケート係 行

ご購読ありがとうございました。お手数ですが、今回ご購読いただいた書籍名をご記入ください。

書籍名

フリガナ お名前	男・女	歳
ご住所 〒　　都道府県		
お電話(　　　)　—		
e-mail アドレス		
ご職業	①会社員 ②会社役員 ③経営者 ④公務員 ⑤教員・研究者 ⑥自営業 ⑦主婦 ⑧学生 ⑨パート・アルバイト ⑩他(　　)	

ご記入いただきました個人情報については、同意なく他の目的で使用することはございません。ご協力ありがとうございました。

愛読者プレゼント☆アンケート

ご購読ありがとうございました。今後の参考とさせていただきますので、下記の質問にお答えください。抽選で幸福の科学出版の書籍・雑誌をプレゼント致します。(発表は発送をもってかえさせていただきます)

1 本書をお読みになったご感想
(なお、ご感想を匿名にて広告等に掲載させていただくことがございます)

2 本書をお求めの理由は何ですか。

①書名にひかれて　②表紙デザインが気に入った　③内容に興味を持った

3 本書をどのようにお知りになりましたか。

①新聞広告を見て [新聞名：　]
②書店で見て　③人に勧められて　④月刊「ザ・リバティ」
⑤月刊「アー・ユー・ハッピー？」　⑥幸福の科学の小冊子
⑦ラジオ番組「天使のモーニングコール」　⑧幸福の科学出版のホームページ
⑨その他 (　)

4 本書をどちらで購入されましたか。

①書店　②インターネット (サイト名　)
③その他 (　)

5 今後、弊社発行のメールマガジンをお送りしてもよろしいですか。

はい (e-mailアドレス　) ・ いいえ

6 今後、読者モニターとして、お電話等でご意見をお伺いしてもよろしいですか。(謝礼として、図書カード等をお送り致します)

はい ・ いいえ

弊社より新刊情報、DMを送らせていただきます。新刊情報、DMを希望されない方は右記にチェックをお願いします。　□DMを希望しないころ、軍隊がないから、そうしないと、しょうがないだろう。国を護《まも》れないからね。

B――　当時、日米安保をお一人で調印された吉田首相の信念について、ぜひ教えていただければと思います。

吉田茂　そんな、信念ったって、まあ、わしは元・外交官だから、調印するぐらい当たり前じゃないか。なあ。

もう、ほんと、いろんな人の意見を聴《き》くと、みんな、ぐちゃぐちゃ言って、固まらんからなあ。

そんなもの、もう、独断でやるにかぎるんだ。君、独断でやっちゃうんだよ。そこに、いっぱい入れたら、もう、「ああでもない」「こうでもない」と、内容について、ケチつけるやつが必ず出てくるからなあ。

だから、「うっしゃいっ（うるさい）！　わしに全部任しとれ！　そうしなきゃ無理だ。もう、ほかに交渉《こうしょう》できるような人間はおらんだろう」っちゅうことだ。日本人で骨のあるのは、ほかにはおらんので、まあ、わしが、やるしかしょうがないよな。うん。

B――　日米安保の主な目的としては、「日本が再軍備をすることなく、国の安全を護る」ということで……。

吉田茂　そうなんだよ、君。そうなんだ。

だから、勘違《かんちが》いしてるんだよ。「日米安保をやることで、日本は、ずっと、アメリカから植民地化される」というような言い方をするやつがいるけど、そうじゃないんだよな。

日本は、日米安保でアメリカを〝番犬〟として雇ったんだ。だから、番犬さまなんだよ。ときどき餌《えさ》を食わせてやれば、番犬さまが家を護ってくれるんだ。

それで、日米安保ができたんだ。まあ、アメリカっていうのは、ほんと、偉大《いだい》な番犬さまなんでござるよ。な？　番犬を雇ったんだよ。シェパードみたいなもんだな。まあ、ブルドッグかな。ま、そんな感じだな。

君らは、何だか当たり前のことばっかり訊《き》くなあ。何だか面白くねえなあ。

B――　最近、そのアメリカが、「世界の警察」としての位置付けを弱め、自国の内政により注力していく流れになっておりますし、一方では、中国が、軍拡を着々と進めております。そういう国際情勢のなかで、日本は今、孤立《こりつ》しかけておりますが、こういった状況《じょうきょう》に関しては、どのようにお考えでしょうか。

吉田茂　ハァー（ため息をつく）。

うーん。何だか、ちょっと、君らは、どういう〝種族〟なのか、もうひとつ、よく分からんのだけどなあ。

まあ、大磯に、こんな年寄りをからかいに来るのもおかしいし、「新聞でもマスコミでもない」って言うとるし、未来人を装《よそお》うにしちゃあ、何だか地球人みたいな顔をしてるし……。

7 生前、信仰を明確には持っていなかった

A―― 吉田首相は、あの世を信じておられますか。

吉田茂 あの世って何？

A―― あの世とは、「死後の世界」のことです。

吉田茂 ん？

A――　人間は死んだあと、どうなると思われますか。

吉田茂　いや、それは……。そんな世界はあるんじゃないか？

A――　人間は死んだあと、どうなると思われますか。

吉田茂　いや、それは、なんか、あのー……。年を取って死んだら、あの世へ行くんじゃないか。

A――　あの世へ行くと、その人の個性は残っていると思いますか。

吉田茂　いや、まだ死んでないから考えたことないよ。

A――　いやいや。あなたは亡くなられているんです。

吉田茂　え？　え？　な……。

A――　だから、宗教家が出てきているんです。

吉田茂　いやいや。よく分からんことを言うじゃないの。わしは、ちょっと隠棲《いんせい》してるんだって。大磯《おおいそ》でね。うん。

A――　宗教は、何かお持ちでしたか。

吉田茂　ん？

A――　吉田首相は、信じている宗教は何かありますか。

吉田茂　うーん……。まあ、海外も長かったからねえ、宗教について知識が全然ないわけではない。うーん。まあ、海外も長かったから、キリスト教なんかも、多少、のぞいたことはあるけどね。うーん。いや、キリスト教は、あの世のことは言わないね。

Ａ――　信仰はお持ちですか。

吉田茂　ん？　信仰？

Ａ――　はい。信じている宗教はありますか。

吉田茂　うーん。まあ、それは、外国に行ったら、信仰があるように見せないといかんところはあるから、答えるのは難しいけどもね。まあ、あんまりないわなあ。うん。

Ａ――　ないですか。

吉田茂　ハッハッハッハッハッハ。でも、まあ、外国に行ったら、神様を信じてるように振《ふ》る舞《ま》わないと野蛮人《やばんじん》だと思われるからね。君たち、気ぃ付けたほうがいいよ。うん。

A――　そうですね。

今は二〇一〇年ですが、戦後、日本においては、宗教や信仰というものが見失われてきました。

吉田茂　ああ、そう。

A――　ただ、生前、信仰を持っていなかった場合、死後、自分の死んだことが理解できないわけです。

吉田茂　うーん。君は、わしを死んだことにしようと企《たくら》んどるな？

A――　いえ、違《ちが》います。

本当は、吉田首相に、現代の日本についてお伺《うかが》いしたかったのですが、「まだ大磯にいる」というご認識ですので、このあたりで質問は終了《しゅうりょう》させていただきたいと思います。

吉田茂　ああ。そうかい。何だか、五十年ぐらい、ずれてるような感じがするんだよなあ。

マッカーサーが、さっき来てたじゃないか。

A――　マッカーサー元帥《げんすい》も、もう亡くなられております。

吉田茂　いやいや。マッカーサーは、ちゃんと生きてたよ。さっき、すれ違ったもんな。だから、生きて……。

A――　すれ違ったんですか（笑）。それは、魂《たましい》として来られていたのです。人間は肉体だけではないのです。

吉田茂　マッカーサーとわしは、年が二つ違いぐらいだったかな。わしのほうが上だったか。うん。いやあ、今、六十代なんだよ。うん。

A――　まだ六十代のご認識ですか？

吉田茂　六十代だよ。うん。彼も六十代だよ。

A――　いや、先ほども言いましたように、今、生きていたとしたら、百三十歳《さい》まで行ってしまいます。

吉田茂　君ら、何を根拠《こんきょ》に言ってるんだ。カレンダー一つないじゃないか。でも、これ、変な部屋だな。洋室だな。これ、外国かな？　うーん。まあ、すごいね。なんか、まぶしくて……。やっぱり、これは、マスコミの記者会見としか思えないねえ。

A――　今、六十歳だとすると、お孫さんの太郎《たろう》さんは首相になれないですよね。

吉田茂　太郎？　それ、どういうことだろう。よく分からんねえ。

A――　おかしいですよね。計算が合わない。

吉田茂　夢でも見たのかな。「首相になった」と聞いたような気はする。

A――　先ほど、「新聞か何かで読んだ」とおっしゃっていましたよね。

吉田茂　そうだなあ。そうだなあ。なんか、新聞のような、何か載《の》ってるような感じのものが、たまに配達されて来るんだよ。何か、こう……。

A――　子供が首相になることはできませんよね。今、あなたが六十代だとすると、麻生太郎《あそう》さんは何歳ですか。

吉田茂　うーん。いや、ちっちゃかったような気がするなあ。

A――　そうすると、総理大臣にはなれないですよね。

吉田茂　いや、まあ、ちょっと……。じゃあ、わしは七十代……。

A――　七十代でも、麻生さんは、まだ十歳ぐらい……。

吉田茂　いやいや。じゃあ、やっぱり長生きしたんだな。たぶん、ちょっと、寝《ね》たきりで、もうボケたんかな。

A――　（苦笑）

吉田茂　うん。ボケたんだ。

A――　分かりました。本日は、どうも、ありがとうございました。

吉田茂　ああ。そうだな。

A――　わざわざ来ていただきまして、ありがとうございました。

吉田茂　うん。

大川隆法　話になりませんね。残念です。ハァ（ため息をつく）。残念ですね。総理大臣のときに、「吉田学校」といって、戦後の政治家を育てたりしたのですが、少し悲しいですね。

マッカーサーのほうが偉《えら》かったですか。マッカーサーは、現在のことも知っていましたしね。戦争に負けるだけのことはある。悲しいですね。

少しもの足りない。さみしいですね。

第3章

太平洋戦争の開戦事情

二〇一〇年四月二十六日　山本五十六の霊示

山本五十六《いそろく》（一八八四～一九四三）

軍人。海軍大将。連合艦隊《かんたい》司令長官として真珠《しんじゅ》湾攻撃《わんこうげき》などを成功させたが、前線視察に行く途《と》中《ちゅう》、ソロモン諸島ブーゲンビル島上空で搭乗機《とうじょうき》を撃墜《げきつい》され戦死。なお、開戦前、戦争には反対していたとされる。

［質問者はAと表記］

1　撃墜《げきつい》されたことは覚えている

大川隆法　ところで、山本五十六《いそろく》は、どこに行っているだろう。聞いたことがないですね。（Ａに向かって）あなたの勘《かん》としては、天国？　地獄《じごく》？

Ａ――　天国に還《かえ》っているのではないかと思います。

大川隆法　死後の行き先は、ほとんど死生観《しせいかん》、すなわち、「人間の生死《せいし》、魂《たましい》などを理解しているかどうか」ということと関係があるようだね。

軍人でも、はっきりとした死生観を持っている人は、現代のこともきちんと知っていて、一方、そのへんが分からない人は、死んだままの状態でいるということですね。

山本五十六が、生死や魂などのことを、まったく分かっていなければ、まだ、「撃墜《げきつい》されたところだ」などと言うかもしれません。どうかな？　マッカーサーを呼んだので、山本五十六にも、少し訊《き》いてみましょうか。時間は少し短くなるかもしれませんが。

A――　では、短い時間でお願いいたします。

大川隆法　先の太平洋戦争で、日本の連合艦隊《かんたい》総司令官であった山本五十六海軍大将、山本五十六海軍大将、願わくは、ご降臨賜《たまわ》り、われらに言葉をおかけください。

山本五十六大将……（突然《とつぜん》、咳《せ》き込《こ》む）。

山本五十六　ああ、撃《う》ち抜《ぬ》かれたかあ！　ああ、弾《たま》が、弾が、弾が当たったかあ

（舌打ち）。うーむ。待ち伏《ぶ》せをされるとは思わんかったあ（舌打ち）。待ち伏せされたかあ。

A――　山本五十六海軍大将でしょうか。

山本五十六　うーん。君？

A――　はい。

山本五十六　わしはまだ生きてるのか。

A――　いえ。もうお亡くなりになっています。

山本五十六　亡くなった？　やっぱりな。いやあ、待ち伏せされて、あれだけ銃弾《じゅうだん》を撃ち込まれたら、助かっているはずはない。撃墜されたとは思う。うん。確かに……。

A――　今、どのような世界にいると、認識しておられますか。

山本五十六　撃墜されたのは知っている。けれども、話をするのは、君が初めてだ。

A――　そうですか。お亡くなりになってから、六十七年がたっております。

山本五十六　六十七年！

A――　はい。

山本五十六　うーん。六十七年！

A――　はい。

山本五十六　それは、ちょっと……。六十七年か。

A――　はい。

山本五十六　で、君は、わしが死んだと言っているんだな。

Ａ――　飛行機は撃墜されていますので……。

山本五十六　撃墜されたのは分かるよ。かなり撃ち込まれたからな。飛行機が墜《お》ちていくところまでは覚えているよ。うん。

Ａ――　落下傘《らっかさん》がなければ、お亡くなりになられていることは確実ですよね。

山本五十六　最後まで、軍刀《ぐんとう》の柄《つか》を握っていたのは覚えている。

Ａ――　その状況《じょうきょう》で、生存していたら、奇跡《きせき》になってしまいますが。

山本五十六　うーん。撃墜されたということは分かる。そうだろうと思う。

Ａ――　はい。

山本五十六　いや、視察に行ったんだ。南方戦線の激励《げきれい》に行ったんだが、待ち伏せを受けて、撃墜されたのは覚えている。
まあ、暗号が解読されておったのであろう。ま、そうだろうとは思っておったが、やっぱり、前線を応援《おうえん》せずにおれなくてね。どうしても南方の諸君を応援しに行きたかったんだよ。
A――　山本大将は、「死後の世界」というのをご存じですか。
山本五十六　それは、知っているよ。わしは軍人として死ぬつもりで戦っていたので、あるのは知っているが、これが、死後の世界かい？
A――　はい。
山本五十六　しかし、わしは、君と話すのが初めてなんだ。

Ａ――　今は、どのような世界におられるのですか。今までは、意識がなかったのでしょうか。

山本五十六　いや、だから、飛行機のなかにずっといるんだよ。

Ａ――　分かりました。では、お亡くなりになったというご認識をお持ちいただければと思います。

山本五十六　そうらしいということを、今、確認できたよ、君から聞いて。じゃ、わしは死んだんだな？

Ａ――　はい。そうです。

山本五十六　うん、うん。

2 戦争に負けたことは知らなかった

A―― 質問をさせていただいて、よろしいでしょうか。

山本五十六 まあ、知っている範囲《はんい》なら答えるよ。

A―― 先ほど、マッカーサー元帥《げんすい》が……。

山本五十六 マッカーサー!

A―― 魂《たましい》として、こちらに来られ……。

山本五十六 魂? マッカーサーもやられたのか。

A――　いえ、マッカーサー元帥は寿命《じゅみょう》で亡くなっております。

山本五十六　あ、そうか。

A――　はい。今は、二〇一〇年です。

山本五十六　そっ？　あっ！　二千という数字は、ちょっと、分からんなあ。

A――　当時から、かなり時間がたっております。

山本五十六　いやあ、それはちょっと……。

君、わしは、あの世は信じてるよ。だが、二〇一〇年と言われると、さすがに、それは厳しい……。

せめて、君、一九五〇年とか、そのぐらいに言ってくれないかな。

A――　いや、現実は二〇一〇年です。その間《あいだ》の歴史を語ることもできます。例えば、日本の敗戦はご存じでしょうか。

山本五十六　（一瞬沈黙《いっしゅんちんもく》）負けたんかっ！

A――　はい。

山本五十六　やっぱり。

A――　はい。

山本五十六　ああ、負けたか……。

A――　広島、長崎に原爆《げんばく》が落とされたのはご存じでしょうか。

山本五十六　ああ……、そう。そういえば、うーん、何か大変な目に遭《あ》ったらしいというふうなことが、聞こえてきたような気がしないわけでもない。

だが、わしはジャングルのなかで、飛行機から出られずに困っていたので、どうすることもできない。うーん（舌打ち）。

あのままだったら、アメリカ軍は本土を占領《せんりょう》に来るだろうな。

3　わしはアメリカとの戦争には反対していた

A――　まず、お伺《うかが》いしたいのは、山本大将は、太平洋戦争を始める前、「一年なら戦える」という発言をされていたとのことですが、開戦に当たり、どのような構想をお持ちであったのか、お聞かせいただければと思います。

山本五十六　わしは、どちらかと言うと、開戦には反対していたがね。まあ、アメリカに留学していたので、アメリカの国力はよく知っておった。勝てる相手ではないと思ったから、最後まで「戦うな」と言っておったんだ。
アメリカ留学していない連中たちのほうが多いからね。まあ、ちょっと、西郷《さいごう》さんの西南《せいなん》の役《えき》みたいな感じかな。わしは反対なんだが、何だか担《かつ》がれたような感じで、「それではしかたがないから、戦います。負けるとは思うが、まあ、やれるだけのことはやりましょう」ということで戦った。最初は、パールハーバーとかな、幾《いく》つか戦果は挙げたと思う。南方戦線でも、かなりの攻撃《こうげき》を加えて敵軍を追い散らし、イギリスの戦艦《せんかん》も沈《しず》めた。
まあ、「神業《かみわざ》だ」と言われて、ずいぶん神様扱《あつか》いしてもらえたが、「いずれ負ける。長期戦だったら負ける。外交で早期に講和しないかぎり、日本は負ける」とは思っておったよ。うん。

A——　なぜ、ずるずると続いてしまったのでしょうか。

山本五十六　いや、だから、わしはまだ戦争中なんで……。それは、ちょっと……。

A――　お分かりになりませんか。

山本五十六　分からないんだが。

A――　では、質問を変えます。この戦争を回避《かいひ》する方法はなかったのでしょうか。

山本五十六　うーん……、まあ、でも、陸軍がねえ、満州《まんしゅう》とかにあれだけ根を張って、権益を放さなかったので……。だから、陸軍が、満州を手放して中国から撤退《てったい》していたら、アメリカは戦争を仕掛《しか》けてこなかっただろうね。

ちょっと、欲が出たというのは、あったかな。まあ、資源がないのでね。「どうしても資源を押《お》さえなきゃいけない。大陸の資源を押さえてしまえば、いずれ、アメリカと戦争になるにしても、その資源をもとにして戦えば勝てる」というふうな考えであったね。まあ、「中国大陸には、鉄鉱石《てっこうせき》とかもあるだろうし、食糧《しょくりょう》も手に入るだろう」というふうな考えだったね。

ただ、わしは、「アメリカには勝てない」と思うてはいたがな。で、戦争には、結局、負けたのか？

A――　負けました。

山本五十六　負けたのか！

A――　その後、中国は独立し、共産党政権になりました。

山本五十六　ああー。

A――　朝鮮《ちょうせん》半島は南北に割れまして……。

山本五十六　ええっ？　朝鮮は独立したのか？

A――　そうですね。ただ、独立はしましたが、北と南に分かれ、北朝鮮は共産党政権になりました。その意味では、共産党勢力を防ぐ上で、満州の地理的な重要性というものは、あったのではないかと思っています。

山本五十六　うーん。まあ、しかし、戦前のアメリカに留学した者としては、アメリカの力が圧倒的《あっとうてき》であることぐらいは分かっていたよ。自動車産業とか、ニューヨークの摩天楼群《まてんろうぐん》とかを見た人間からすれば、こんな国と戦って勝てるわけがないことぐらい、すぐに分かったよ。

だから、「戦争したい」って言ってる連中に、一週間でもいいから、駆《か》け足でもいいから、アメリカを旅行してもらいたかったな。やはり、敵を見なければね。「彼を知り、己《おのれ》を知れば、百戦あやうからず」だよな。

わしは、向こうの強さを知っていたので、勝てないのは分かっていたけれども、「山本五十六以上の司令官はいない」っていうので、まあ、担ぎ出されたわけだがね。うん。

4 「まだこの国がある」と知り、安心している

A―― そうですか。今、二〇一〇年の目から見ると……。

山本五十六 二〇一〇? (苦笑) うん、うん。

A―― 当時の日本は、天皇制によるファシズムであったと、一般的《いっぱんてき》には評価されております。これについては、どう思われますでしょうか。

山本五十六 天皇陛下はどうなった?

A―― 天皇は、その後も、ご存命であられました。

山本五十六　ああ。それは、よろしかったですな。敗戦して、ご存命だったのですか。

A――　はい。

山本五十六　ほう。それは奇跡《きせき》だね。普通《ふつう》はありえない。奇跡だ。

われわれは、天皇陛下を護《まも》るために戦っていた。「われわれが負けたら、天皇陛下も、当然、死刑《しけい》にされるだろうし、少なくとも、廃帝《はいてい》されるのは間違《まちが》いない」と思っておったがな。ああ。そうかい。

その後も続いたのか。今はどうなんだ？

A――　今は、年号が、「昭和」から「平成」に替《か》わり、新しい天皇になっております。

山本五十六　うん。そうか。残念だが、わしは戦い半ばでやられたようなので、最後まで見届けることができなかった。
すまんな、君。君が言っているのは、正しいのかもしらんが、ちょっと、時間の自覚がないな。
わしは、ジャングルのなかで、飛行機のなかで、軍刀《ぐんとう》を握《にぎ》ったまま、ずっと、いたのだ。米軍の待ち伏《ぶ》せに遭《あ》って、やられた。こちらは援護機《えんごき》がなかった。暗号を解読されていたとしか思えないな。うん。

A―― そうだと思います。
日本は、敗戦後、経済も復興《ふっこう》し、大国になりました。

山本五十六 そうか。

A―― ただ、思想的には唯物論《ゆいぶつろん》がはびこっております。そして、今、左翼的《さよくてき》な政権ができ、「日本を護る」という気概《きがい》がまったくなくなってしまいました。

山本五十六　ハァー（深いため息をつく）。まあ、「アメリカと戦争したら負けるから、やめとけ」という、わしの意見を聞いてくれていれば、そうならなくて済んだはずだ。

ま、天皇制が残っただけでも、よかったじゃないか。

それで、今、国は発展してるのか？

A――　日本の国は発展を遂《と》げたあと、国難に入ろうとしております。戦後、巨大《きょだい》化《か》した中国が軍拡をしており、今、その脅威《きょうい》にさらされんとしております。

山本五十六　それは、よく分からないが、アメリカはまだ強大なのか。

A――　はい。ただ、日本は、アメリカと、「日米安全保障条約」という軍事同盟を結んでおりますが、日本は軍隊を持つことが許されておりません。

山本五十六　うーん。まあ、でも、中国は、当然、アメリカに攻撃されるんじゃないか。

A――　中国も核兵器《かくへいき》を持っています。第二次大戦後、核兵器が世界に広がっているんです。

山本五十六　まあ、でも、アメリカは許さないだろうな。あの性格から見ればな。アメリカは、アメリカを脅《おびや》かすものを許さないから、きっと攻撃するだろうね。

A――　ただ、アメリカを攻撃する前に、まずは近隣《きんりん》の日本を取りにいくというのが中国の戦略だろうと思われます。

山本五十六　中国がそんなに大きくなっているのか。あそこも発展したんだな、うーん。もう一度、亡国《ぼうこく》か……。

今の日本には、もう軍人がいないんだろ?

Ａ――　はい。

山本五十六　戦えないんじゃないか？

Ａ――　はい。われわれは、幸福の科学という宗教団体ですが、残念なことに、こうした宗教が、「国を護る」ということを訴《うった》えているのが現状でございます。

山本五十六　ま、わしには資格がないな。ジャングルに長年いたので、資格がない。「この国がまだある」ということを聞いて、ホッとはしているが、今の時代についてアドバイスできる立場にはない。すまんがな。

Ａ――　本日は、どうも、ありがとうございました。

大川隆法　うーん。山本五十六も厳しいですね。ハァ（ため息をつく）。

（注。その後、二〇一五年六月二日に収録した「大震災予兆リーディング」において、山本五十六の霊は、自分が日本の神代《かみよ》の神々の一人であったことを明かすとともに、日本の現状に対する警告を発した。『大震災予兆リーディング』〔幸福の科学出版刊〕第1章参照）

第4章

鳩《はと》山《やま》「友愛思想」のルーツ

二〇一〇年四月二十六日　鳩山一郎の霊示

鳩山一郎《はとやまいちろう》（一八八三～一九五九）
政治家。第52～54代内閣総理大臣。首相在任中、保守合同を成立させ、自民党の初代総裁となる。また、一九五六年には、日ソ国交回復を実現させた。いわゆる「友愛思想」の提唱者《ていしょうしゃ》。鳩山由《ゆ》紀《き》夫《お》氏の祖父に当たる。

［質問者二名は、それぞれA・Bと表記］

1　孫である鳩山由紀夫《ゆきお》氏を、どう見ているか

大川隆法　吉田茂、山本五十六《いそろく》、二人とも厳しいな。念のため、五分ぐらいでも、鳩山一郎に、どの世界にいるかぐらいは訊《き》いてみましょうか。この人は、鳩山由紀夫《ゆきお》氏のお祖父《じい》さんです。

鳩山一郎元総理大臣、鳩山一郎元総理大臣、願わくは、幸福の科学に降臨したまいて、われらに意見を述べたまえ。

鳩山一郎元総理大臣、鳩山一郎元総理大臣、願わくは、幸福の科学に降臨したまいて、われらを指導したまえ。

鳩山一郎元総理大臣、鳩山一郎元総理大臣……。

（約三秒間の沈黙《ちんもく》）

鳩山一郎　鳩山です。

B――　鳩山一郎元総理大臣でしょうか?

鳩山一郎　鳩山です。

B――　本日は、このような機会をいただき、ありがとうございます。幾《いく》つか質問をさせていただきたいと思います。

鳩山一郎　はい。

B――　鳩山元首相は、現在、どのような場所にいらっしゃるのでしょうか。

鳩山一郎　どのような場所?

B――　はい。あるいは、どのような仕事をされているのでしょうか。

鳩山一郎　ん？　仕事はしてるよ。うん。仕事はしてる。

B――　政治に関してでしょうか。

鳩山一郎　うーん。そうだね。まあ、政治が多いかな。

B――　現在、二〇一〇年ですが。

鳩山一郎　うん。知ってる。

B――　そうですか。

鳩山一郎　うん。知ってる。

B――　今、お孫さんの鳩山由紀夫氏が首相をされています。

鳩山一郎　うん。知ってる、知ってる。

B――　そして、鳩山一郎元首相が掲《かか》げられた「友愛思想」を、鳩山由紀夫氏も掲げています。

鳩山一郎　うん。

B――　そこで、現政権について、鳩山元首相は、どのようにご覧になっているのか、ご意見をお聞かせください。

鳩山一郎　まあ、わしの言うとおり、やってるんじゃないのか。

B――　お孫さんの鳩山由紀夫氏を、どのような人物であると、見ておられるのでしょうか。

鳩山一郎　よくやっておるんじゃないか。うん。友愛革命か？　そのとおりだよ。うん。そんでいい。

B――　鳩山由紀夫氏は、政治理念として「友愛」を唱え、「国民の命を護《まも》りたい」と訴《うった》えております。

鳩山一郎　うん。そんで、いいんじゃないか？

B――　一方では、子ども手当や高校無償化《むしょうか》などの政策について、バラマキ政策であるとの批判もされております。こういった方向性について、鳩山元首相は、どのようにお考えでしょうか。

鳩山一郎　それは、いいことをやろうとしてるんじゃないか？　財源があれば、まあ、問題ないね。財源については、私はちょっと分からないけども、やろうとしてることは、いいことなんじゃないか？

2　「日本という国はなくなってもいい」と考えている

B――　国際情勢においては、現在、中国の軍備拡大による脅威《きょうい》が迫《せま》ってきておりますし、アメリカは、「世界の警察」としての役割を縮小する方向に動いております。

鳩山一郎　ああ。それは、いいんじゃないか？　アメリカが、いつまでも、世界を牛耳《ぎゅうじ》るっていうのは、よろしくないと思うな。うん。

B――　しかし、「今の民主党政権では、中国による属国化、植民地化を防げず、国民の生命や安全、財産を護《まも》れないのではないか」という指摘《してき》もあります。これについて、どのようにお考えでしょうか。

鳩山一郎　まあ、でも、あれなんじゃないか。中国が発展してるんだろ？　中国と仲良くすれば、生命・安全・財産は護れるんじゃないのか。

B――　では、「アメリカの核《かく》の傘《かさ》ではなく、中国の核の傘のなかに入ったほうがよい」とお考えなのでしょうか。

鳩山一郎　そんなことは考えてないよ。だから、友達になりゃいいんだろ？　友達になりゃ、別に戦争しなくてもいいじゃないか。ねえ？

B――　「行く行くは、中国に属国化、あるいは植民地化されるかもしれない」ということは危惧《きぐ》されないのでしょうか。

鳩山一郎　まあ、日本は元々、漢字文化圏《けん》だから、アメリカに吸収されるよりは楽なんじゃないか。漢字で、そのまま、行けるんだろ？　だから、日本人は、漢字を習ったら、中国語を簡単に覚えられるよ。いいじゃないか。

B――　つまり、日本という国がなくなり、中国の省や自治区のような存在になったとしても、よろしいということでしょうか。

鳩山一郎　友情ってのは、そんなもんだよ。

B――　「日本国が消えてもしかたがない」ということですか。

鳩山一郎　うん。まあ、アメリカはハワイを持ってるじゃないか。だけど、ハワイは、元々カメハメハ大王のものだったんじゃないのか。

「カメハメハ大王が統治してるのがいいのか。アメリカが統治してるのがいいのか」という国民投票をしたら、やっぱり、ハワイの人は、カメハメハ大王の統治より、アメリカの一州であることを望むだろう。

これからは、中国の時代が来るんだから、まあ、中国の一省で別に構わないじゃないか。台湾《たいわん》は台湾省になるし、日本は日本省になるんだよ。「中華《ちゅうか》人民共和国・

日本省」だよな。ま、それで、いいじゃない。そしたら戦争はないよ。うん。

B——　生前、鳩山元首相は、日本の独立のために、「憲法改正」や「再軍備」を公約に掲《かか》げておられたと思うのですが、そのあたりのお考えは変わられたのでしょうか。

鳩山一郎　再軍備は、すでに終わってるんじゃないですか。自衛隊は軍備ですから、再軍備は終わってると思います。

今はもう核大国にはなれないでしょう？　アメリカや中国と戦って勝てないんですから、アメリカの属国になるか、中国の属国になるか、どっちかを選ぶしかないんですよ。

それで、今、アメリカが引いていって、中国が出てこようとしている。日本は中国のほうが近いんだから、中国と仲良くやれば、いいじゃない。それで共存できるじゃないですか。アメリカが太平洋の向こうから来なきゃいけない理由は必ずしもないでしょ？

アメリカだって、覇権《はけん》主義で、地球をぐるっと半周して、アジアまで来たんだからね。アメリカは、アジアの国じゃないんだから、APEC《エイペック》（アジア太平洋経済協力会議）なんかに入る資格はないいんだよ、元々ね。

アメリカは、大西洋を挟《はさ》んでヨーロッパと仲良くすりゃいいんであって、こちらは、アジア共栄圏というか、「東アジア共同体」をつくって仲良くやったら、いいじゃないですか。中国を盟主にしてね。

中国に護ってもらって、ここで、ユーロみたいなアジアの経済圏をつくってやったら、いいじゃない。

日本は、そのなかの一省だ。ヨーロッパだって、もう、国はなくなろうとしてるんだろ？　それと一緒《いっしょ》だよ。だから、日本という国はなくなって、いいんだよ。

中国を盟主とする東アジア共同体のなかの一省であれば、いいじゃないか。

3 〝友愛〟には、アジア諸国への謝罪が入っている

A――　「中国の体制に入る」ということになりますが……。

鳩山一郎　そうだね。

A――　そうすると、自由がなくなります。

鳩山一郎　まあ、そんなことはないんじゃないか。
アメリカは、「南ベトナムが、北ベトナムに支配されたら、共産主義勢力が広がって、ベトナムの人が不幸になるから」と言うて、ベトナム戦争を延々とやって、大勢の人を殺したけど、結局、北の勢力が勝った。

まあ、ベトナムの自治はベトナム人がやるべきであって、共産主義で支配されても、「それは悪い」と思えば、自分らで変えていけばいい。それが民主主義だからね。だから……。

A――　いいえ、中国は民主主義の国ではありません。チベット自治区、内モンゴル自治区を見ても、自由がないですよね。

鳩山一郎　いや。彼らは後《おく》れていた国だから、まあ、中国に吸収されることで、今後、発展するだろう。それでいいんじゃないか。

A――　中国は全体主義ですよ。そのなかに、「日本人を落とし込《こ》んでもいい」ということですね。

鳩山一郎　チベットなんていうのは、そう言ったって、君、ダライ・ラマとかいう、あんな五十年も逃《に》げ回ってるような坊《ぼう》さんが首相だっていうんだろ？　まあ、こういう後進国……。

A――　チベットでは、多くの人が虐殺《ぎゃくさつ》されましたが、「それでも、よかった」というわけですね。

鳩山一郎　いや、まあ、中国に逃《のが》れたほうが……。

A――　あなたの〝友愛〟というのは、要するに、「人の生命を売り渡《わた》す」ということですか。

鳩山一郎　んー。まあ、だから……。

A――　〝友愛〟によって、何を成し遂《と》げたいのですか？

鳩山一郎　ん？　だから、先の戦争でさあ、ずいぶん迷惑《めいわく》を掛《か》けたからね、「近隣《きんりん》と仲良くしなきゃいけない」ってことだよ。うん。

A――　その「仲良くなる」ということが、「自由を譲《ゆず》り渡《わた》す」ということになるんです。

鳩山一郎　友達になったら別にいいじゃないですか。

A――　どういう体制の国と仲良くなるかが大切です。「本当の友愛は、全体主義の国とでも仲良くなるということではない」と思いますが。

鳩山一郎　まあ、だけど、〝友愛〟のなかには、やっぱり謝罪も入ってるんだよ。うん。

A――　あなたの言う謝罪とは何ですか。何を謝罪しないといけないんですか。

鳩山一郎　いやあ。先の大戦で、アジア諸国にずいぶん迷惑を掛けたからね。お詫《わ》びをしなきゃいけない、本来ね。うん。だから、日本は、偉《えら》そうに言う権利がないんだよ。

Ａ――　では、「自由が失われてもいい」ということですね。

鳩山一郎　自由という言い方は、まあ……。

Ａ――　あなたの家系は、護《まも》られるかもしれません。あなたのお孫さんも、護られるかもしれません。ただ、一般《いっぱん》の市民は、どうなるかは分かりません。これが、中国の体制です。一部の共産党員が権力を持って、その他の人たちには、言論の自由もなければ、信教の自由もありません。共産主義の国では、こういった社会になります。

鳩山一郎　うーん。まあ、そう言ったって、中国は、まだ、あれだろ？　全体的には、日本より、すごく貧しいんだろうからね。中国の人は、それで耐《た》えてるんだからさあ、日本人は、やっぱり、こんな贅沢《ぜいたく》をしちゃいけないよ。日本が中国を侵略《しんりゃく》したんであって……。

A――　しかし、あなたの家系が最も贅沢をしていませんか？

鳩山一郎　ん？　まあ、それは〝天の恵《めぐ》み〟だよな。

A――　どんな恵みなんですか。

鳩山一郎　えっ？　それは先祖代々の……。

A――　鳩山由紀夫氏の財産っていうのは、あれは何なのですか？

鳩山一郎　うーん。まあ、それは、ちゃんと……。

A――　ああいうのを、〝貴族〟と言うのではないですか？

鳩山一郎　いやあ、まあ、あれは……。

A――　貴族制は廃止《はいし》されているはずですよ。

鳩山一郎　いや、それは閨閥結婚《けいばつけっこん》だよ。まあ、政治家になりたかったら、そのくらい当たり前じゃないか。

A――　あなたの思想から言えば、鳩山家は清貧でなければいけないのに、あれだけのお金を持っていていいのですか。

鳩山一郎　だから、彼は、一生懸命《いっしょうけんめい》、ばら撒《ま》いてるじゃないか。

A――　彼自身のお金は、ばら撒いていないじゃないですか。

鳩山一郎　いやあ、でも、まあ、党員には、ばら撒いてるんじゃない？

A――　彼は、なぜ、あれほどのお金を持っているんですか。

鳩山一郎　だから、お母さん……。

A――　贅沢をしてはいけないのなら、まず鳩山家から貧しくなるべきだと思いますが。

鳩山一郎　いや、まあ、自分で独り占《じ》めしちゃいけないから、ちゃんと民主党員にばら撒いてるじゃないか。友愛精神だよ。うん。

A――　どうして、鳩山家は、あんな「音羽《おとわ》の御殿《ごてん》」とかを持っているんですか。いまだにずいぶん裕福《ゆうふく》な生活をしているようですね。

鳩山一郎　まあ、どこからともなく、金が入ってくるのさ。

A――　どこから入ってくるのですか。

鳩山一郎　いや、よく分からない。

A――　あなたやお孫さんの言っていることや、実際にやっていることを見ると、本当の友愛とは違《ちが》いますね。

やはり、あなたたちは、現代に生き残った〝貴族〟ではないのですか。

鳩山一郎　うーん。まあ、しかし、私の考えは、少なくともだね、君、全体主義的な国家の出現は抵抗《ていこう》するつもりでいるので、日本を弱くすることによって、日本の全体主義化を防ごうとしてるんだよ。

A――　中国の体制のなかに入ることは、日本の全体主義化を意味するのではないのですか。

鳩山一郎　中国は、ずいぶん苦労したからね。

A――　中国の全体主義は許せるということですか。

鳩山一郎　いやあ、そう言ったって、君ね。中国は、欧米《おうべい》には、ずいぶん植民地にされたし、日本には、満州《まんしゅう》を取られるわ、内陸部まで侵攻《しんこう》されて攻撃《こうげき》されるわ、もう踏《ふ》んだり蹴《け》ったりで、ずいぶん被害《ひがい》を受けたんだから。

A――　ただ、今の中国は、チベットやモンゴルなどの他の民族に対して、それ以上に、ひどいことをしていませんか。

鳩山一郎　まあ、それは、ちょっとだけなんじゃないか。

A――　いや、ちょっとやそっとではないです。

鳩山一郎　うーん。今度は、だから、それは……。

A――　あなたの言う〝友愛〟というのは、本来、一人ひとりを大切にすることではないのですか。

鳩山一郎　いやあ、もう、だから、今度は、日本が中国にお仕えする番なんだよ。しかたないじゃないか。

A――　あなたは、人の命を大切にしないのですか。

鳩山一郎　いや、別に「しない」なんて言ってないよ。大事にしてるよ。だから、子ども手当だって、ばら撒くんだ。

A――　それで国が滅《ほろ》びてもいいのですか。

鳩山一郎　いや、滅びるかどうかは、結果を見なきゃ分かんないでしょ？　学費がただになるとか、子ども手当がもらえるとか、それで出産が増えて、日本は、いい国になるんじゃないか。

A――　財政破綻《はたん》することが分からないのですか。

鳩山一郎　破綻するかどうかは、破綻してみないと分からないよ。

A――もうすでに破綻寸前ではないですか。

鳩山一郎　ん？

A――収入が増えていないのに、どうして支出を増やせるのですか。

鳩山一郎　まあ、どっかから、金が降ってくるんじゃないか。

A――それが、あなたの考えですね。

鳩山一郎　ん？

A――やはり、あなたも坊《ぼっ》ちゃんと言われていたように……。

鳩山一郎　まあ、まあ、万一《まんいつ》のときには、友愛の精神で、世界が助けてくれるだろうよ。

A――　分かりました。

鳩山一郎　うん。

大川隆法　はい。以上です。

生前、この世的に偉かったとしても、死後は、どうということもないようですね。こうなるくらいなら、あまり偉くはなりたくないものですね。本当に大変ですねえ。日本人三人とも、一億人のリーダーになるような人物には見えませんでした。悲しいですね。これは、どうしようもないです。

かわいそうですけれども、「反戦」と言おうが、「戦争賛成」と言おうが、駄目《だめ》なものは駄目です。うーん、どうしようもないですね。大したことがありませんね。

それに比べて、マッカーサーは偉いですね。日本人としては悔《くや》しいですが、だいぶ上です。現代に生きている人ぐらいの智慧《ちえ》があるようで、おそらく、神様（神格《しんかく》を持った高級霊《こうきゅうれい》）になっていると思われます。

吉田茂と山本五十六は、迷っているか、地獄《じごく》を抜《ぬ》け出してフラフラしているか、そのような状態です。

鳩山一郎は、地獄ではないかもしれませんが、かなり下のほうです。現代のことを知っていたので、地獄とは言えないと思います。

ただ、言っていることが、鳩山由紀夫氏と同じような内容だったので、指導霊《しどうれい》のつもりで孫に憑依《ひょうい》しているのかもしれません。

それにしても、日本人三人は、あまり偉くなくて、がっかりです。もう少し立派なことを言うかと思っていたのですが、期待はずれでした。

では、以上で終わりにしましょう。

あとがき

吉田茂元首相の孫・麻生太郎氏と、鳩山一郎元首相の孫・鳩山由紀夫氏の二〇〇九年の政権交代劇から、日本転落への道、二流国家への逆戻りが始まったように感じられる。

なんとかして、この国難《こくなん》を打破《だは》したい。真実とは何か、正しい道とは何かを探し求めたい。

国際政治の正しいあり方を霊的に検証できるのは、東大法学部政治学科を卒業しながら、国際ビジネスマンとして働き、宗教家へと身を転じた私にしかできない仕事だと思う。

ご遺族《いぞく》には若干《じゃっかん》気の毒かとは思うが、公人《こうじん》は、死後も公人であり、現代の政治にも責任はあると思うので、こうした内容を霊言の形で発表した。宗教を大切にしない国家には、最終的な繁栄はないものと肝《きも》に銘《めい》じたいと思う。

二〇一〇年　五月

国師《こくし》　大川隆法《おおかわりゅうほう》

マッカーサー 戦後《せんご》65年目《ねんめ》の証言《しょうげん》
――マッカーサー・吉田茂・山本五十六・鳩山一郎の霊言――

2010年5月31日　初版第1刷
2015年7月7日　第2刷

著　者　大《おお》川《かわ》隆《りゅう》法《ほう》

発行所　幸福の科学出版株式会社
〒107-0052 東京都港区赤坂2丁目10番14号
TEL(03)5573-7700
http://www.irhpress.co.jp/

印刷・製本　株式会社 サンニチ印刷

落丁・乱丁本はおとりかえいたします

ISBN978-4-86395-044-3 C0030
Photo: ©Bettmann/CORBIS/amanaimages, AFLO, 近現代PL/アフロ

大川隆法 霊言シリーズ・日米の戦後と未来を考える

大震災予兆リーディング

天変地異に隠された
神々の真意と日本の未来

口永良部島噴火と小笠原沖地震は単なる自然現象ではなかった——。高天原の山本五十六や日本最高霊界の神が示す、日本人への「警告の一書」。

1,400円

日米安保クライシス

丸山眞男 vs. 岸信介

「60年安保」を闘った、左翼系政治学者・丸山眞男と元首相・岸信介による霊言対決。二人の死後の行方に審判がくだる。

1,200円

原爆投下は人類への罪か?

公開霊言 トルーマン
＆F・ルーズベルトの新証言

なぜ、終戦間際に、アメリカは日本に2度も原爆を落としたのか?「憲法改正」を語る上で避けては通れない難題に「公開霊言」が挑む。【幸福実現党刊】

1,400円

※表示価格は本体価格(税別)です。

大川隆法霊言シリーズ・先の大戦の意義を明かす

パラオ諸島ペリリュー島守備隊長 中川州《くに》男《お》大佐の霊言

隠された〝日米最強決戦〟の真実

アメリカは、なぜ「本土決戦」を思い留まったのか。戦後70年の今、祖国とアジアの防衛に命をかけた誇り高き日本軍の実像が明かされる。

1,400円

沖縄戦の司令官・牛島満中将の霊言

戦後七十年 壮絶なる戦いの真実

沖縄は決して見捨てられたのではない。沖縄防衛に命を捧げた牛島中将の「無念」と「信念」のメッセージ。沖縄戦の意義が明かされた歴史的一書。

1,400円

硫黄島 栗林忠道中将の霊言 日本人への伝言

アメリカが最も怖れ、最も尊敬した日本陸軍の名将が、先の大戦の意義と教訓、そして現代の国防戦略を語る。日本の戦後にケジメをつける一冊。

1,400円

大川隆法ベストセラーズ・幸福実現党が目指すもの

幸福実現党宣言

この国の未来をデザインする

政治と宗教の真なる関係、「日本国憲法」を改正すべき理由など、日本が世界を牽引するために必要な、国家運営のあるべき姿を指し示す。

1,600円

政治の理想について

幸福実現党宣言②

幸福実現党の立党理念、政治の最高の理想、三億人国家構想、交通革命への提言など、この国と世界の未来を語る。

1,800円

政治に勇気を

幸福実現党宣言③

霊査によって明かされる「金正日の野望」とは？ 気概のない政治家に活を入れる一書。孔明の霊言も収録。

1,600円

新・日本国憲法試案

幸福実現党宣言④

大統領制の導入、防衛軍の創設、公務員への能力制導入など、日本の未来を切り開く「新しい憲法」を提示する。

1,200円

夢のある国へ——幸福維新

幸福実現党宣言⑤

日本をもう一度、高度成長に導く政策、アジアに平和と繁栄をもたらす指針など、希望の未来への道筋を示す。

1,600円
